行政学叢書❶

官庁セクショナリズム

今村都南雄――［著］

東京大学出版会

Working Papers on Public Administration 1
Bureaucratic Struggles in the Central Government
Tsunao IMAMURA
University of Tokyo Press, 2006
ISBN4-13-034231-2

刊行にあたって

日本行政学会の創立以来、『行政学講座』（辻清明ほか編、東京大学出版会、一九七六年）と『講座　行政学』（有斐閣、一九九四―九五年）が刊行された。私が編集代表を務めた『講座　行政学』の出版からすでに十余年の歳月が徒過してしまった。『講座』の刊行を終えたらこれに続いて『行政学叢書』の編集企画に取り掛かるというのが、私の当初からの構想であった。しかしながら、諸般の事情が重なって、刊行の予定は大幅に遅れ、とうとう今日にまで至ってしまった。

しかし、この刊行の遅れは、考えようによってはかえって幸いであったのかもしれない。一九九五年以来ここ十余年における日本の政治・行政構造の変化にはまことに大きなものがあったからである。一九九三年には自民党が分裂し、一九五五年以来三八年間続いた自民党単独一党支配時代は幕を閉じ、連立政権時代に移行した。そして政治改革の流れの始まりとして衆議院議員選挙が中選挙区制から小選挙区比例代表並立制に改められ、政党助成金制度が導入された。また一九八〇年代以来の行政改革の流れの一環として行政手続法や情報公開法が制定された。第一次分権改革によって機関委任事務制度が全面廃止され、地方自治法を初め総計四七五本の関係法令が改正された。「小沢構想」が実現に移され、副大臣・大臣政務官制度や党首討論制度が導入され、政府委員制度が廃止された。「橋本行革」も法制化され、内閣機能の強化、中央省庁の再編成、独立行政法人・国立大学法人制度の導入、政策評価制度の導入が行なわれた。さらに、総選挙が政権公約（マニフェスト）を掲げて戦う選挙に変わった。そして小泉内閣の下では、道路公団等の民営化や郵政事業の民営化が進められ、「平成の市町村合併」も進められた。

その一方には、公務員制度改革のように、中途で頓挫し先送りにされている改革もあるものの、憲法に準ずる基本法制の多くに戦後改革以来の大改正が加えられたのであった。したがって、この『行政学叢書』の刊行が予定どおりに十余年前に始められていたとすれば、各巻の記述は刊行後すぐに時代遅れのものになってしまっていた可能性が高いのである。

このたび、往年の企画を蘇生させ、決意も新たにこの『行政学叢書』の刊行を開始するにあたって、これを構成する各巻の執筆者には、この十余年の日本の政治・行政構造の著しい変化を十分に踏まえ、その上で日本の行政または行政学の前途を展望した内容の書籍にしていただくことを強く要望している次第である。

この『行政学叢書』は、巻数も限られているため、行政学の対象分野を漏れなく包括したものにはなり得ない。むしろ戦略的なテーマに焦点を絞って行政学のフロンティアを開拓することを目的にしている。一口に行政学のフロンティアの開拓と言っても、これには研究の領域または対象を拡大しようとするものもあれば、新しい研究の方法または視角を導入しようとするものもあり得る。また特定の主題についてより深く探求し、これまでの定説を覆すような新しい知見を提示しようとするものも含まれ得る。そのいずれであれ、ひとりひとりの研究者の目下の最大の学問的な関心事について「新しいモノグラフ」を一冊の単行本にまとめ、これらを連続して世に問うことによって、日本の行政学の新たな跳躍の踏み台を提供することを企図している。そしてまた、この学問的な営みがこの国の政治・行政構造の現状認識と改革提言の進歩発展にいささかでも貢献できれば、この上ない幸せである。

二〇〇六年三月

編者　西尾　勝

官庁セクショナリズム　目次

序章

なぜ官庁セクショナリズムか

行政官僚制の病理を代表するものとして、しばしばセクショナリズムが挙げられる。わが国の中央政府における行政官僚制では、省庁間でのそれがことのほか激しく、共管競合する分野での行政の効率性を損なっているのみならず、国益や行政の公共性をも脅かしているというのが定説である。

しかし、セクショナリズムは行政官僚制に特有のものなのか、わが国の中央省庁においてことさら激しく見られる現象であるのか、そもそものこととして、それは諸悪の根源であるのかどうか。まずはそのことを問いかけたい。そのうえでさらに、セクショナリズムが弊害をともなうことはそのとおりだとしても、それが諸悪の根源であるように即断するのはあまりに短絡的で、一面的にすぎるのではないか、また、セクショナリズムを病理現象としてのみとらえる視点では、それがもたらす弊害に効果的に対処することもできないのではないか。そのことを問い直してみたい。

本書を貫く問題意識はこのようなものである。後半部分などは、一見、かなりひねくれた見方にみえるかもしれない。現に、同じ行政学を専攻する仲間からも、そのような見方は、あたかも日本軍の大陸侵略が侵略ではなかったと言いくるめるようなものではないか、との批判がある。それを承知のうえで、本書では、わが国の行政官僚制のセクショナリズムについて、その歴史過程、政治過程、組織過程の分析を試み、それら三つの側面の分析を組み合わせることによって、行政官僚制におけるセクショナリズムの複合的性格を明らかにすることにつとめたいと思う。

「官庁セクショナリズム」とは

最初に、本書の表題を「官庁セクショナリズム」とした事情について釈明をしておかなければならない。まずは、「官庁」セクショナリズムとした理由である。

一般的な言葉づかいで「官庁」といえば、国家機関の行政事務がおこなわれる役所のことを指す。地方都市でも「官庁街」などと表現されることはあるが、それは国の主要な地方出先機関が寄り集まった合同庁舎をその一角にふくむからであり、都道府県庁や市町村の庁舎だけであれば、たとえそれらが国の行政の下請け機関にすぎないという認識があったとしても、おそらくそのようには言わないであろう。ともかく、そうした一般的用語法に従うならば、本書で対象とするセクショナリズムが、ほとんどもっぱら中央政府の行政機関にかぎられていることを端的に表現するものとして「官庁セクショナリズム」とするのがよいのではないか、それがひとつの便宜的理由である。

しかし、そうだとしても、本来であれば、「官吏」の概念とともに死語とされるべき「官庁」概念をなぜ用いたのか、このことについての説明がなお必要であろう。一言でいってしまえば、明治以来の「官制」の伝統がいぜんとして中央省庁のセクショナリズムに浸透していることを重視したからである。それこそが「官の行政文化」(井出嘉憲)を支える制度的基盤であり、いわゆる政官関係のみならず、官民関係においても、倒錯した「官の優越」を生みだしてきた。二〇世紀末になって使われるようになった言葉でいえば、「官主主義」の構造がそれである。

行政官僚制にかぎらず、各国の政治・行政制度がその国の歴史や文化に深く根ざしていることは論をまたない。イギリス型の議院内閣制を模範として、それを極東のわが国に採りいれようにも、イギリスと日本ではまったく異なった機能のしかたをする。憲法学ではいざしらず、政治学の分野では、わが国の議院内閣制はイギリス型とはいえないというのが定説である。そこから政治評論において、政治制度の形をまねても政党政治のありようをまねることはできない、と言われたりする。このことは官僚制についても変わらない。その組織形態はそっくりであっても、実際の動き方は相当に異なっている。どこの国の行政官僚制でもセクショナリズムは多かれ少なかれ見られるが、その現れ方は特有の傾向を帯びることになる。官僚制が歴史的、文化的所産だからである。「生まれながらの行政国家」と称されるわが国において、明治維新後、それを制度化したのが「官制」であり、それによって生みだされたのが「官庁」セクショナリズムである。それは、わが国の中央政府の行政機関に見られるセクショナリズムの代名詞といってよいのではないか。このように考えての選択である。

本来であれば死語とされるべき「官庁」概念がいまもなお通用している最大理由のひとつは、行政実務の世界において、行政法学でいう「行政官庁の法理」がいぜんとして支配的な影響力をもっていることにある。国の場合でいえば、行政権が帰属する内閣のもとで、各大臣が行政事務を分担管理するものとされ、なぜか、各省庁ではなしに各大臣が「行政官庁」となる。そして、この「行政官庁」たる大臣を長として、その下に多くの「補助機関」「執行機関」等が配される。さすが「行政官庁」の用語は国の行政機関にかぎられ、一般的には「行政庁」なる概念が使われるが、今日でもなお、その行政庁としての大臣に各種の権限を付与した個別法が圧倒的に多いのが厳然たる事実である。戦前の官制を法律化した暫定的な行政官庁法にかえて、新しく「行政機関」をキーワードとする国家行政組織法が制定されたのだが、それにもかかわらず、いわばそれを無視するかたちで昔ながらの「行政官庁の法理」がほとんどそのまま連綿と存続してきたのである(1)。

むろん、現在の行政法学において、そうした伝統的な理論構成になんの修正もくわえられないということはありえない。しかし、その修正はいまだ部分的であって、比喩的にいうならば、たとえ新しい皮袋が用意されたかにみえる場合であっても、中身は古い酒のまま、というのがほとんどではないか。かつて、わが国の公法学理論にたいして、政治学の松下圭一から激烈なまでの批判があびせられたことがあるが(2)、そのすべてでなくとも、せめて行政組織のとらえ方については徹底した再構成を望みたいところである。あえて「官庁」セクショナリズムとしたのは、このような願いをこめてのことである。

ついで、「セクショナリズム」概念についても説明が必要である。ここでは一般的な用語法に従って、権限や管轄をめぐる省庁間の対立・競争をセクショナリズムの典型とみなしているが、実は、この「セクショナリズム」という用語も、それほど国際的な汎用性をもっているわけではない。それが英語の"sectionalism"にならっていることは明らかであるものの、辞書にあたってみればたちどころに判明するように、その原義は、組織単位間での対立・競争というよりは、全体にたいする部分、あるいは、ジェネラルではない「セクショナルなもの」に重きをおいた見方や行動様式の総称であって、私たちがセクショナリズムと同義語的に使う「縄張り争い」などを当然に含意するものではない。ためしに『オックスフォード英語辞典』でその語を引いてみると、「狭い範囲への利害関心の限定」、「狭隘な見方」、そして「局部的な地方の特徴、政治的区別、社会的差異を過度に強調すること」といった説明がなされている。実際の用例として挙がっているのは、南北戦争後のアメリカ再建過程において見られたような、取り残された地方的利益に固執する態度や都市レベルでの政治連合結成以前における各党派の行動傾向とか、あるいはイギリスの例として、アイルランド問題にたいする一九世紀後半の自由党に見られた時代遅れの対応といった事例である。別段、行政官僚制やその他の大規模組織に特徴的な病理的現象を指す言葉として使われだしたものではなさそうである。

行政官僚制や一般組織を研究対象とする行政学とか組織研究といった専門分野での英語文献ではどうか。あるいは驚くかもしれないが、セクショナリズムの語がそのまま索引に登場することは、それが日本の行政を扱ったものでないかぎり、まずないと言いきってもよい。部門・部局間の縄張り争いは"bureaucratic warfare"あるいは"interagency struggle"などと表現されることが多い。政府組織内部の組織単位間でくりひろげられる政治的交渉を"bureaucratic politics"としてとらえ、政府の政策決定過程分析のためのモデルと仕立て上げたのが、キューバ・ミサイル危機の分析で有名なG・T・アリソンの『決定の本質』(原著、一九七一年)にほかならない(3)。また、縄張り争いでいう「縄張り」とは、もともと土地や山林など自分の領分を仕切るために縄を張りめぐらすことであるが、学問用語としては、動物生態学の用語である「テリトリー」および「テリトリー制(territoriality)」からきている。それを政府官僚機構の「政策空間」における境界線の争いに適用して、興味ある命題群を定式化してみせたのが、政治学よりも公共経済学の分野で著名なA・ダウンズの『官僚制の解剖』(同、一九六七年)であった(4)。

これらのことをわきまえたうえでわが国の用語法をふりかえってみると、古くは「群雄割拠」でおなじみの「割拠」という表現がしばしば使われてきた。すぐあとで取り上げる辻清明の割拠性論が代表例である。めいめいが自分の支配する領土に立てこもり、勢力を張ることがその意味するところであるから、明治維新後の官僚制において西南雄藩出身者がそれぞれ各省の有力ポストを占拠しあい、藩閥意識から互いに反目しあった状況を表すにはぴったりの表現である。しかし、今となってはいかにも古くさい。

割拠性とか割拠主義とかの言葉で表現されてきた事象を「セクショナリズム」という片仮名英語で表現するようになったのがいつごろのことなのか、またいかなる事由によるものかは定かではないが、いずれの場合も、このごろのわが国の一般的な用語法では、地域的・政治的・社会的な特異性や差異を論ずる文脈よりも、組織体に広く見られる病理的傾向を論ずる文脈で用いられることが圧倒的に多いように見受けられる。すなわち、政府と民間とを問わず、広く組織体に共通して見られる組織事象のひとつとしてそれをとらえ、組織体の内部で自分の属する部門・部局にこもって排他的になる傾向(派閥主義、セクト主義)、あるいは、競合関係にある組織・集団間で見られる縄張り争いやそれに随伴する一連の行動傾向を包括的に表現する言葉として用いるのが一般的であろう。

本書でも、一点を除いて、このように日本語化した「セクショナリズム」概念をそのまま用いることとする。その語で表される事象が私たちにとってしごくポピュラーな組織事象となっており、したがってまた、すでに日本社会に根ざした言葉づかいになっていることに留意するならば、たとえ、その原義からややずれるところがあったり、外国の学問研究において他の用語が使われる場合であっても、そのこと自体にこだわるよりは、わが国における一般的用語法にならうほうが賢明であるように思われるからである。

ただし、ここでもう一度くりかえそう。セクショナリズムははたして病理現象でしかないのか。この問いかけが本書を貫く問題関心のひとつである。したがって、この点にかんしては、通説的見解にくみするものではない。「一点を除いて」とはこのことを指している。上記のような一般的用語法にならいながらも、それが、このように重大な留保づきであることをお断りしておきたい。

日本官僚制の伝統的特色

わが国の行政官僚制に特徴的な伝統的特色について、辻清明はつぎのような三つを挙げた。その第一は、組織の面における独特の階統制であって、外見上の階統制構造のもとで実体的には強い割拠性を内在させていること。第二は、官僚制における行動形態に古くからの特権的性格が残存していること。そして第三は、稟議制の名で知られる独特の意思決定方式が慣用化され、行政運営を拘束していること。これら三つの特色は、辻によれば、いずれもその原型が明治期に形成されたものであるが、戦後の行政官僚制における行政組織・行動形態・意思決定の方式にも、少なからぬ影響をおよぼしているとされる(5)。

辻が東京大学における学部講義用のテキスト『行政学講義（上巻）』を『行政学概論（上巻）』に改訂したのは、高度成長期まっただなかの一九六六年のことであったが、その改訂にさいして新しく「官僚制」と題する章（第五章）が設けられ、そのなかの一節に「日本官僚制の特色」が充てられた。右の三つの特色がまとめて簡潔に記述されたのは、そのときである。それから今日まで、かなりの年月が経過している。大学の講義などで、かつてのようにそれに言及することはなくなっているのかもしれない。

辻が挙げた三つの特色のうち、とくに第三の稟議制論にかんしては、中央省庁の実務経験者による批判を通じて、いくつかの点で事実誤認があることが判明した(6)。省庁における意思決定方式は辻のいう稟議制一色ではなく、ことに政策的判断を要する事案にかんしては、その決裁過程で稟議書を用いる場合であっても、それに先行して、関係部課間での念入りな合意形成が存在し、その段階で実質的な意思決定がおこなわれること、また、予算編成においては、折衝型のまったく異なる方式がとられることなど、今では常識化している事実がその批判によって明らかになったのであった。

ところがなぜか、第一、第二の特色にかんしては、そうした批判が正面きってあびせられることはなかった。辻の理解では、第二の特権的行動様式も、第三の稟議制も、第一の独特の階統制構造と密接に関連しあっているのであり、そうであるがゆえに、「組織における階統制と機能における割拠性が矛盾した形態で結合しているところに、日本官僚制の特色が存した」[7]と言いうるものであった。

辻の稟議制論を読み返してみれば一目瞭然のことであるが、辻において稟議制が重要であるのは、それが日本官僚制の諸特徴ときわめて密接な関係を有していると考えたからであり、なかでも各省中心のセクショナリズムとの密接な関係は彼が第一に重視した点であった。「明治以来わが国の政府組織は、天皇を頂点として太政官制度、内閣制度と変遷してきたが、この外観は、マックス・ウェーバーのいう近代的官僚制の特徴のひとつである階統制（hierarchy）である。階統制は、組織の頂点にある長官または上級官吏の決定・命令が、そのまま組織のあらゆる職位を通過して末端にまで到達するピラミッド的な体系である。ところが、わが国では、この命令の系統は、稟議制によって、むしろ逆の方向へ流れているのである、そして、この逆の方向を支えているのが、個々の行政機関における家族制的協同体の関係である」[8]。こうして辻は、「セクショナリズムの原因を稟議制にのみ求めることは正確な推論ではないが、この意思決定の方式が、今日に至るまで政府のセクショナリズムを維持温存している主要な原因のひとつであることはまちがいがない[9]」と結論づける。

したがって、辻の稟議制論にたいする批判は、彼の稟議制そのものについての事実認識の当否にとどまらず、それを日本官僚制の諸特徴と結びつけて論ずるところまで行きつかなければ十分とはいえない。この点について、辻の事実誤認を明らかにした中央省庁の実務経験者は、その論考の最後に近い部分で率直な感想を記している。「ただ一言筆者の感想を述べるならば、わが国行政機関における意思決定の姿は、行政機関という厖大な機構と人員を擁する組織の意思決定のあり方としては、それなりに合理的であって、これを直ちに日本官僚制の諸特徴に結びつけるという発想は説得力に乏しいのではないかということである[10]」と。はたして、どうであろうか。

辻によって挙げられた三つの特色のなかで本書に最も関連するのは、いうまでもなく第一の特色である。したがって、本書の考察はそこから出発する。辻による割拠性論の批判的考察である。ただし、批判的考察といっても、稟議制論にたいするそれとは相当に趣を異にすることになる。それは基本的には、わが国の行政官僚制の伝統的特色にかんする辻の集約をひとつの理念型的把握として高く評価する観点に立つからである。その観点からすると、ひとつ一つの事実誤認は二の次の問題となる。それよりも推論を組み立てるさいの論拠が妥当であるかどうかが重要である。たとえば、二つの事象間の関係を論ずるのに一方から他方への働きかけしかとらえられていないのではないか、あるいは、その関係をとりまく状況の展開や異なる状況要因のコンステレーション（布置連関）にかんして適切な取り扱いがなされているかどうか、といったことが問われなければならない。

ところで、日本官僚制の特徴を省庁セクショナリズムに見出す見解はほかにもある。比較的最近の代表的業績として、村松岐夫『日本の行政』（一九九四年）が挙げられる[11]。ちょうど、わが国の行政システムのあり方が強く問われる時代に突入したころの新書版による出版ということもあって、広範な読者層を得ているようである。

村松はこれまでの日本の行政システムを「最大動員のシステム」としてとらえる。「人的リソース、資金、制度のあらゆるものを目的に向かって能率的に動員するシステム」がそれであり、「明らかに一つの合理的な体系」として作動してきた。「このシステムは、省庁ごとではあるが行政組織をこえた、民間組織を含むネットワークを作ることによって、社会全体のリソースの最大動員をしようとしてきた」のである。その基本的な認識によれば、「従来型行政は西欧に追いつくことを目標にしている間は合理的ではあった。だから、この合理的体系は、その目的の達成後に逆機能的に働くようになったとみるのがよい」ということになる[12]。

村松の著書には「活動型官僚制の変貌」というサブタイトルがつけられている。行政が積極的な役割をはたす大陸型の行政制度のもとで成立する官僚制、それが「活動型官僚制」であって、「日本の官僚制が省庁ごとに積極的に管轄を争うようなきわめて活動的な存在であるところに特徴がある」。セクショナリズムもその所産である。「一口にいえば、それは欧米の政策に追いつくという野心的な国家目標を持った日本が、少ないリソースでそれを実現しようとする最大動員がもたらした逆機能現象である。省庁中心システムは、少ないリソースを最大動員する仕組みの要をなしていた。ところが、この仕組みに問題が生じたというのが本書の見解である」[13]。こうして、基本的な仮説について概説した第一章の最後は、つぎのような一節で閉じられる。「これらの省庁の行政を担う官僚集団の行動様式を説明する本書が標的とする日本官僚制の特徴は、省庁競争とその反面であるセクショナリズムである。ここに省庁セクショナリズムとは、単に省庁間の無意味な対立だけを意味するのではなく、活力ある対立状態を含んでいる」[14]。

辻の問題関心の中核に戦前から戦後への継承があったとすれば、この著作での村松の主たる関心は二〇世紀から二一世紀への展開にあるといってよい。時代的な背景が明らかに異なっている。したがって、日本官僚制における伝統的特色としてのセクショナリズムの論じ方も異なって当然であろう。ここでは、一点、村松の基本的な認識に関連して、そのセクショナリズム観にみられるブレに注意をうながしておきたい。

村松のセクショナリズム観におけるブレは、右に引いたいくつかの文章のなかにもはっきりとうかがわれる。要点はつぎの点にある。すなわち、セクショナリズムは合理的な体系である「最大動員システム」に必然的に随伴する逆機能現象であるのか、それとも、西欧に追いつくというその合理的体系の目的達成後になってはじめて逆機能化することになったのか、いずれであるのか、ということである。サブタイトルに集約される村松の問題関心に即して読めば、かつては合理的な「最大動員システム」にたいして順機能的に作動したが、今や逆機能的になった、という後者の理解となる。しかし、さきに引いた第一章の最後のくだりをそのまま読むと、そうとは言いきれない。すっきりと前者の理解に立つとまでは言えないにせよ、わざわざ、「単に省庁間の無意味な対立だけを意味するのではなく、活力ある対立状態を含んでいる」と断っているのであるから、その点を重視するならば、「西欧に追いつくという国家目標」の実現以前であると以後であるとを問わず、セクショナリズムにはもともと順機能的な側面と逆機能的な側面の両面があるという認識であるようにも見受けられる。

このことにこだわるのは、ほかでもない、日本語化したセクショナリズムの用語法との関連でくりかえした問題、セクショナリズムははたして病理現象でしかないのか、という本書を貫く問題関心にかかわるからである。順機能・逆機能の両面があるという意味が分かりにくいかもしれないので、どういうことかを少し敷衍しておこう。

あらためて村松の端的な指摘を引けば、「省庁ごとにこの〔行政のリソースの〕最大動員が行われるために、権限と管轄をめぐる激しい省庁間競争が展開される。これがセクショナリズムである」[15]。これは「活動型官僚制」のメルクマールである。そのかぎりでセクショナリズムは、行政リソースの最大動員を機能要件とする各省庁にとって、それ自体では逆機能とはいえない。しかし、それが省庁を超える組織レベルでの行政リソースの最大動員を損なうこともありうるし、ましてそれ以外の機能要件や目的に照らすならば、それらの充足を著しく制約することにもなりかねない。省庁間競争にくわわる当の省庁にとってすら、結果として、所期の水準のリソース動員を果たせなかったり、長期的な組織的安定を損なうことだってありうる。「予期せざる結果」の発現である。

どうであろうか。もしこのような理解であるならば、それは本書におけるセクショナリズムのとらえ方と同じである。しかし、「西欧に追いつくという国家目標」の実現以前と以後とで、順機能から逆機能への転換を説くとなると、評論的言説としてならともかく、仮説としても賛同しがたい。言ってみれば、答えがさきにあって、それに合わせて設問を立てるようなものだからである。

セクショナリズムの三過程

本書で分析を試みるセクショナリズムの三過程について、それぞれ簡単なコメントをしておくことにしよう。三過程とは、歴史過程、政治過程、組織過程の三つである。

言葉として一番なじみがないのは「歴史過程」であろう。単に「歴史」とせずに「歴史過程」とした最大の理由は、過去の制度改革をふくむ出来事についての解釈が現在になお生きており、「生きた制度」を構成していることを含意させようとした点にある。直接のヒントはJ・G・マーチおよび彼とJ・P・オルセンの著作から得ている。(16) その点では、彼らのいう"historical process"からの直訳である。

マーチ＝オルセンによる「歴史過程」への注目は、彼らの組織的意思決定論の展開から来ている。意思決定行動の伝統的なとらえ方は、周知のように、結果を予測して合理的に選択するという単純な見方から出発する。しかしまもなく合理性の限界を認識するにいたり、組織コンフリクトへと関心を移行させる。だが、そこにとどまることはできず、さらに「歴史に依拠する人間行為」の概念にすすみ、ついに組織生活における根深いあいまいさにたどりつく。「人間のたしかな営みとは、選択ではなくて、解釈である」[17]。これが彼らの立場である。したがって、彼らにおける「歴史過程」とは、より正確には「歴史に依拠する過程」あるいは「歴史依存的過程（history-dependent process）」のことで、たいていの組織行動は結果の合理的計算よりも歴史的に形成されたルールに従ってなされることが多いという観察にもとづいている。合理的選択における最適性の仮説を全面的に放棄するところまではいかないにせよ、それとは相当に異なった「適切性（appropriateness）の論理」にもとづく人間行為を説明することが「歴史過程」概念を導入した彼らの基本的な理由である[18]。

セクショナリズムは行政官僚制にかぎられないが、日本官僚制の歴史において、それはまさしく「制度のなかにコード化された経験のルール」であり、歴史的状況の展開によって発現形態に変化はあるにしても、官僚制組織をとりまく政治環境の変動によって消えてなくなる代物ではない。なぜなら、セクショナリズムの歴史がコード化されていることにより、そのルールが形成され発達してきた状況とルールが適用される状況とが一致しているかどうかを確認することなく、単に状況の同一性を仮定するだけでルールに従った行動をとることが正当化されるようになるために、環境の変化にたいしても、また人々の選好の変化にたいしても鈍感になりがちとなって、しばしば「前車の轍を踏む」ことになってしまうからである。

つぎが「政治過程」である。行政官僚制におけるセクショナリズムの展開は政治過程そのものであるから、これについては語句的説明を要しないであろう。個々のセクショナリズム事案にかんしてその顚末を記述するならば、どれもこれもが政治過程としての性格を帯びることになるのは必定である。

とはいえ、わが国では、「あたかも羊羹を縦に三分する」かのごとき三権分立原理にかんする曲解がまかり通り[19]、行政組織から政治的要素を排除することが行政に求められる政治的中立性の原則だとする受けとめ方がはびこっているために、行政機関が政策形成や立法活動をおこない、政治過程にコミットすることにたいする抵抗感は今もって根強い。そこから、政治的であることはすなわち行政が病理的であることを意味し、だからセクショナリズムは病理であるといわんばかりの論調がくりひろげられる。あまりにナイーヴな主張であるが、実のところこのことは、政治学的研究においてすらめずらしいことではない。

現代日本の政治経済体制を「官僚的包括型多元主義」ととらえる猪口孝の整理によれば、「国家機構の中枢をなす官僚制に対する見方には大きく分けて二つある」という。「集合的なアクター（政治主体）」とする見方と「アリーナ（政治舞台）」とする見方がそれである[20]。この二つの見方に、官僚制が「国家機構の中枢」をなすことを重視して、政治的支配の「アパレータス（装置）」とする見方をくわえることもできる。私はかねてから、行政学の講義において、政治過程における官僚制の分析視角をこれらの三つに集約し、それを「Actor, Arena, Apparatus のトリプルA」からの接近と称してきた。

しかしながら、政治過程の概念化に即してみた場合、やはり中心をなすのが猪口のいう二つの見方であることはまちがいないところであろう。アパレータスであることは、その二つの見方にとってひとつの与件だからである。行政官僚制を構成する個々の官僚機構はそれぞれ組織としての目標、資源、戦略をもったアクターであり、他の官僚機構を相手に政治的交渉をくりひろげる。官僚機構のうしろには社会的利益が控えているのが通例であって、官僚機構はそれらの諸利益を表出・集約し、利害調整する機能もはたしている。したがって、個々の官僚機構自体が社会的諸利益を統合調整するアリーナであるが、複数の官僚機構が押し合いへし合いするとなれば、それはまぎれもない政治的アリーナとなる。それは、政治家が介入するから政治的になるのではない。行政官僚制そのものが政治的空間を構成するのである。

三番目は「組織過程」である。日本語化したセクショナリズム概念の用法として指摘したとおり、官庁セクショナリズムだけがセクショナリズムではない。政府と民間とを問わず、広く組織体に共通して見られる組織事象のひとつとしてそれをとらえる見方がすでに定着している。セクショナリズムは、部門・部局に分かれて編成される組織体に普遍的に存在する組織機制の現れであるからにほかならない。

しかし、それにもかかわらず、私たちはその病理的側面に目を奪われるあまり、生理的側面にかんするクールな観察と分析を怠りがちとなる。とりわけ行政官僚制のセクショナリズムにかんして、そのことが言えそうである。官庁セクショナリズムが明治以来の歴史的所産であること、また、昔ながらの省庁分立体制のもとでくりひろげられる政治過程の実相が明らかにされればされるほど、こと行政官僚制にかんしてはその一体的編成と運営が要請され、何事につけても打って一丸となって事に当たることが求められる。そんな一枚岩の組織こそ病理以外の何ものでもないように思われるのだが、なぜか人々はそれを求めてやまない。セクショナリズムの毒を制するには一枚岩の毒をもってすべし、と言わんばかりである。

さきに「歴史過程」について述べたさいに、組織的意思決定論の展開にかんするマーチ＝オルセンの言説を引き合いに出した。そこにもうかがえるように、組織にかんする理論的営為はいくつかの段階を経て今日にいたっている。たとえば、C・I・バーナードの前と後では大違いであるし、マーチ＝オルセンによる「あいまいさへの挑戦」も衝撃的であった。ところが私たちの組織観となると、ほとんど組織理論の発展と無縁である。行政学の分野でも、残念ながら、あまりそのことに変わりがない。少なくとも、十分な理論的摂取ができているとは言えそうもない。

古くからの言い方に従うならば、組織は「協働の体系」であるとともに「支配の体系」でもある。行政官僚制のセクショナリズムの考察にあたっても、そうした両義的性格を併せとらえることが必要となろう。また、個別の組織体についてだけでなく、組織間関係のコンテクストでそれを論ずることがあってもよいはずである。民間の業界や地方自治体との関係でくりかえしその弊害が論じられる縦割り行政の問題などは、まさにうってつけの素材だからである。ともあれそこでは、政治過程の考察において与件に追いやった、政治的支配のアパレータスとしての行政官僚制の組織的構成をあらためて取り上げる必要が生じる。たとえ、一度にそこまで果たせずとも、せめてそのことを念頭においておかなければならないであろう。

以上の説明からも察せられるとおり、素手のまま「官庁セクショナリズム」に立ち向かうわけにはいかない。それなりの視角の設定と概念枠組みの用意が不可欠である。さればといって、欧米の理論からの直輸入による枠組みの構成だけに追われたくない。そこで本書では、さまざまな具体的事例を登場させ、その事例によって語らせることに意を用いてみたいと思う。もちろん、個別の事例をどれだけ扱ったところで、そこから理論的一般化ができるものではない。それらが何を原因として起こりどのような結果に終わったかの顚末を述べることはできるにしても、それ以上のことを約束することはむずかしい。とりわけ「官庁セクショナリズム」を丸ごと病理現象としてとらえ、その根治策を求めるような性急な要求に応ずることはできはしない。

断るまでもないかもしれないが、本書はセクショナリズムの擁護論ではない。それが組織生理に根ざすからといって、その弊害までそのまま放置しておいてよいことにはならない。そんなことであれば医学はすべて無用になってしまう。目に余る弊害があればこそ、度重ねて改善案が提起され実施もされてきた。事例の中には、セクショナリズムの克服をめざした行政改革の事例も登場しよう。ただしその場合、自己変革をしようにも、既存の「自己」のやり方を大幅に変更しないように、すでに存在する自己の行動様式に言及しながらの進行にならざるをえない[21]。それらの行政改革事例を通して、いわば「自己言及的」な官庁セクショナリズムの諸相をいくぶんでも明るみに出せればしめたものである。

そのうえでさらに、セクショナリズムがもたらす弊害に対処するにはどうしたらよいのか。この問いかけに直截に答えるのはむずかしい。それなら、セクショナリズムにたいして私たちはどのように臨んだらよいのか。それを示唆するのがせいぜいのところである。私見は最終章（求められる対応指針）で述べることとしよう。

I章 セクショナリズムの歴史過程

1 日本官僚制の成り立ち

わが国における官僚制支配の構造を「日本官僚制」という。したがって、ここで官僚制とは、個々の行政組織の組織形態やそれを支える行動様式を指すのではなく、官僚機構を主軸とした政治的支配構造（統治構造）の組織的特徴を指している。このような視座設定が必要となるのは、わが国の中央省庁におけるセクショナリズムが、伝統的に、行政組織をとりまく広範な政治的支配構造の制度的環境によって助長され、強く規定されていることを重視するからにほかならない。

近代日本官僚制の歴史的形成過程にかんする辻清明の研究を特徴づけるのは、まさしく、そうした広範な視座設定であった。辻によれば、「とりわけ、わが国の官僚制は、明治政府の成立以来、その統治構造のひとつの構成単位というよりは、むしろ統治構造の骨髄としての地位を占めてきた」のであり、「いわば、官僚制は、立法部と行政部とを問うことなく、それを総称する官府の性格に与えられた名称だったといってよい。そこでは、狭義の行政部の組織と行動形態に対してのみ、官僚制という名が与えられたのではなかったのである」[1]。

さて、その辻の見るところによれば、日本官僚制の組織面での特色は、すでに序章で指摘したとおり、「外見上の階統制を持ちながら、実体的には強い割拠性を内在せしめている」ところにあるが、そうした特色を生みだした基因は、明治政府形成の歴史過程に存している。王政復古の大号令後、太政官制を経て、ようやくにして近代的形態の内閣制度が樹立されたものの、「本質的にはあいも変らぬ藩閥的な支配構造を潜在せしめる封建的性格の持続であるに留まっていた」[2]のであり、この内閣における封建的割拠性が、統帥権の独立、枢密院の設置、貴族院の強力な権限、大臣の単独輔弼責任制、国務大臣・行政長官兼任制等と相まって、大正・昭和期にいたるまでわが国の統治構造を蝕みつづけ、各省中心のセクショナリズムを招来する原因となったというわけである。また、いわゆる「日本ファシズム」がナチス的集権の形態をとりえなかった事情も、こうした「統治構造に内在する政治的多元性と行政的分立性の執拗な生存を許容してきた」[3]、明治以来のわが国独自の官僚制によるものであり、さらに戦後にいたってもなお、主として占領政策が「間接統治」の方式をとったことから、ひとり官僚機構のみが温存・強化され、「新しい政治勢力」の未成熟と「官僚機構の中立性」にたいする国民意識に助けられて、その強靭な粘着力を発揮しつづけることになったというのである[4]。

最後の部分における戦後への展開については、周知のように、戦前からの連続性を過度に強調するものとして、ことに戦後の「議会主義にもとづく政治過程」への変容に力点をおく立場からのかなり強い批判がある。この論点にかんしては次節であらためて取り上げることにしよう。

政治的多元性と行政的分立性

しかし、辻による日本官僚制研究の最大の成果は、政治過程における官僚制の権力の実相に直接迫るよりは、官僚制支配の構造における伝統的特質をえぐりだしたところに認められるのであって、しかもそれを、もっぱら公式制度の解説ですます従前の制度論のアプローチではなく、今日的にいえば、一種の歴史的制度主義のアプローチによって解明してみせたことに大きな意義があった。ここでの主題であるセクショナリズムの問題に焦点をおいて要約するならば、明治期から昭和期におよぶ歴史過程の分析を通じて、「統治構造に内在する政治的多元性と行政的分立性の執拗な生存」を確認し、それが、統治構造の骨髄をなす官僚制の組織構造においては、外見上の階統制と実体的な割拠性との併存を生みだすことになった事情を明らかにしようとしたのであった。

制度としての官僚制を分析するとき、私たちはとかく官僚制の一枚岩的構造を前提にしがちであるが、辻によって描き出された日本官僚制の構造はそれと対照的な多元的構造を呈している。それは、断じて狭義の行政部による一元的な官僚制支配の構造を描き出したものではなく、その外見とは裏腹の「政治的多元性と行政的分立性」によって彩られていたことを明らかにするのが狙いであったというべきである。

ところで、ここでいわれる「政治的多元性と行政的分立性」とは、いったいどのような関連にあるのであろうか。辻の割拠性論において、あらためて問われなければならないのは、むしろこの点である。すなわち、「政治的多元性」と「行政的分立性」の概念のそれぞれで何を表現しようとし、それぞれをどのように区別したうえでひとつの概念セットとして、いわば一体的に概念化したのか、そのことが問題とされなければならない。辻におけるセクショナリズムの理解はそこに集約されていると考えられるからである。

周知のとおり、「政治」と「行政」との関係をどうとらえるかは、行政学上の重要問題であり、教科書における辻の表現をそのまま借りるならば、「行政の意味を政治から切断した技術過程と看做すか、それとも国家意思の形成過程である政治と密接な関連を有する機能として把握するかという点における方法論の差異」が、行政学説の理解において決定的意義を有する。(5) いわゆる「機能的行政学」の立場に立つ辻は、もちろん後者の把握にくみしている。したがって、「政治的多元性」と「行政的分立性」を区別するさいにも、両者の融合関係を重視する観点が保持されているはずであり、その概念化において「行政的」という場合、ただちに非政治的ないし技術的ということと同義にはならない。

しかし、このことを前提としてもなお、いやそうであればいっそうのこと、上記のような問いかけを発せざるをえない。それにたいして辻がどのように応ずるのか、割拠性を扱った諸論文には、明示的な回答を見出すことができないように思われる。おそらくは、政治‐行政関係の機能的把握とはひとまず無関係に、「狭義の行政部の組織と行動形態」に見られる割拠性を「行政的分立性」とし、それ以外のより包括的な政治権力の分布構造における割拠性を「政治的多元性」としたうえで、議院内閣制のモデルにおいて「立法部と行政部をつなぐバックル」（W・バジョット）とされる内閣のレベルでの割拠性を表現するために、双方の概念を組み合わせ、「政治的多元性と行政的分立性」なる概念化をおこなったのではないだろうか。そのかぎりでは、機能的であるよりは制度的・実体的な概念化である。

ともあれ、立論の展開における力点が、圧倒的に「政治的多元性」の側におかれていることは明らかであり、一方の「行政的分立性」の原因やその歴史的形成過程については、十分に論証されているとはいいがたい。換言すれば、「政治的多元性」と「行政的分立性」を概念上区別しながら、結局のところ後者を前者の中に解消し去ってしまったかのようである。そうなると、「行政的分立性」の政治的性格は、外部の「政治的多元性」によって引き起こされ、それによって規定されたものとしてとらえられることになってしまう。いわば、外から持ちこまれた政治性である。外部の政治諸勢力と結びつくことにより、それら政治諸勢力間での政治的対立関係がそのまま行政部内に持ちこまれ、分立した各省間での権限争議などが現出するというわけである。

だが、政治的多元性から行政的分立性を説き起こすだけでは足りないのではないか。政治的支配構造としての日本官僚制におけるセクショナリズムを論ずるには、むしろ行政的分立性のあり方によって政治的多元性のあり方が規定されるという側面が重要ではないのだろうか。いわゆる幕藩体制下での封建的割拠性の存続と浸透によって形成期における明治国家の分断が助長されたことはまちがいがないとしても、それだけではないはずである。端的にいえば、政治的多元性↓行政的分立性の方向とともに、行政的分立性↓政治的多元性の方向を摘出し、双方を組み合わせて政治的多元性と行政的分立性との融合関係をとらえることが必要とされているのである。

こうした従前の割拠性論における弱点を補う業績として、注目に値するのが、御厨貴による一連の労作である。同氏の明治国家形成期（一八八〇年代）にかんする二つの著作、『明治国家形成と地方経営』（一九八〇年）および『首都計画の政治――形成期明治国家の実像』（一九八四年）[6]は、同時期の政治史を「地方経営と首都計画という相互に密接不可分の関係にある二つの焦点を持つ楕円構造として描く試みである」[7]が、大正期以降を扱った論考もふくめて[8]、いずれも、単に近代日本政治史の分野における業績にとどまらず、わが国の政策決定過程もしくは政治過程の事例的研究としても、高い評価が与えられるべき貴重な成果となっている。それらは、それぞれの時期における具体的な政治過程・政策決定過程の分析を通して、「国家統合をめぐる官僚制・議会制・政党制の三者の相互連関の歴史的解明」[9]を企てたものであり、その政治過程・政策決定過程の分析にあっては、一貫して、一種の政治的多元主義の方法がとられている。

御厨による政策決定機構の分析において際立っているのは、つねに狭義の官僚機構（官庁機構）における対立・競合を重視し、それによってもたらされる「政策対立の多次的拡大」とそこで行使される政治的戦略に注目する視点である。G・T・アリソンの政策決定モデルでいえば「官僚政治（bureaucratic politics）」ないし「政府内政治（governmental politics）」にたいする関心といってもよい。たとえば、内閣制度設立過程を分析する場合、「上部意思決定機構」の改革をめぐる宮中勢力と藩閥勢力の対立、後者の藩閥内部での薩長および長派内部での対立にくわえて、「下部執行機関」を構成する各省、とりわけ地方補助政策をめぐる内務・大蔵・農商務・工部の四省間の対立競合関係がクローズアップされ、「かくてこの四省間の対立競合関係の多次的拡大が一つの契機となって、上部意思決定機構から下部執行機関に至る行政機構の大改革が促進され、内閣制度の実現をみることになる」[10]とされる。また、明治国家の解体期（一九三〇年代）を扱った論考においても、陸軍・海軍・外務・大蔵・商工の各省および資源局・調査局等の各官僚集団相互の政治力学の分析を通して、「官僚集団が中心となって、……政策全体の機能的一元化を可能とする政治行政システムを創出する」[11]ための、相次いだ行政機構改革問題の系統的解明が企てられている。いずれにせよ、こうして、辻のいう「政治的多元性と行政的分立性」の両側面が、不可分のものとしてとらえられ、そうした一体的概念化のもつ意義が、あらためて確認されたのである。

行政官僚制の形成と「行政の論理」

明治国家形成期における官庁セクショナリズムの本格的展開を見るには、太政官制度にかわる内閣制度の創設（一八八五年一二月）を待たなければならない。この内閣制度への切り替えによって、内閣総理大臣および宮内・外務・内務・大蔵・陸軍・海軍・司法・文部・農商務・逓信の各大臣が置かれたが、同時に宮中と府中の区別が明確にされたことにより、宮内大臣を除く各省大臣に率いられた「行政各部」は、外務省、大蔵省、司法省、文部省、陸軍省、海軍省、内務省、農商務省、逓信省

図1　各省設置状況

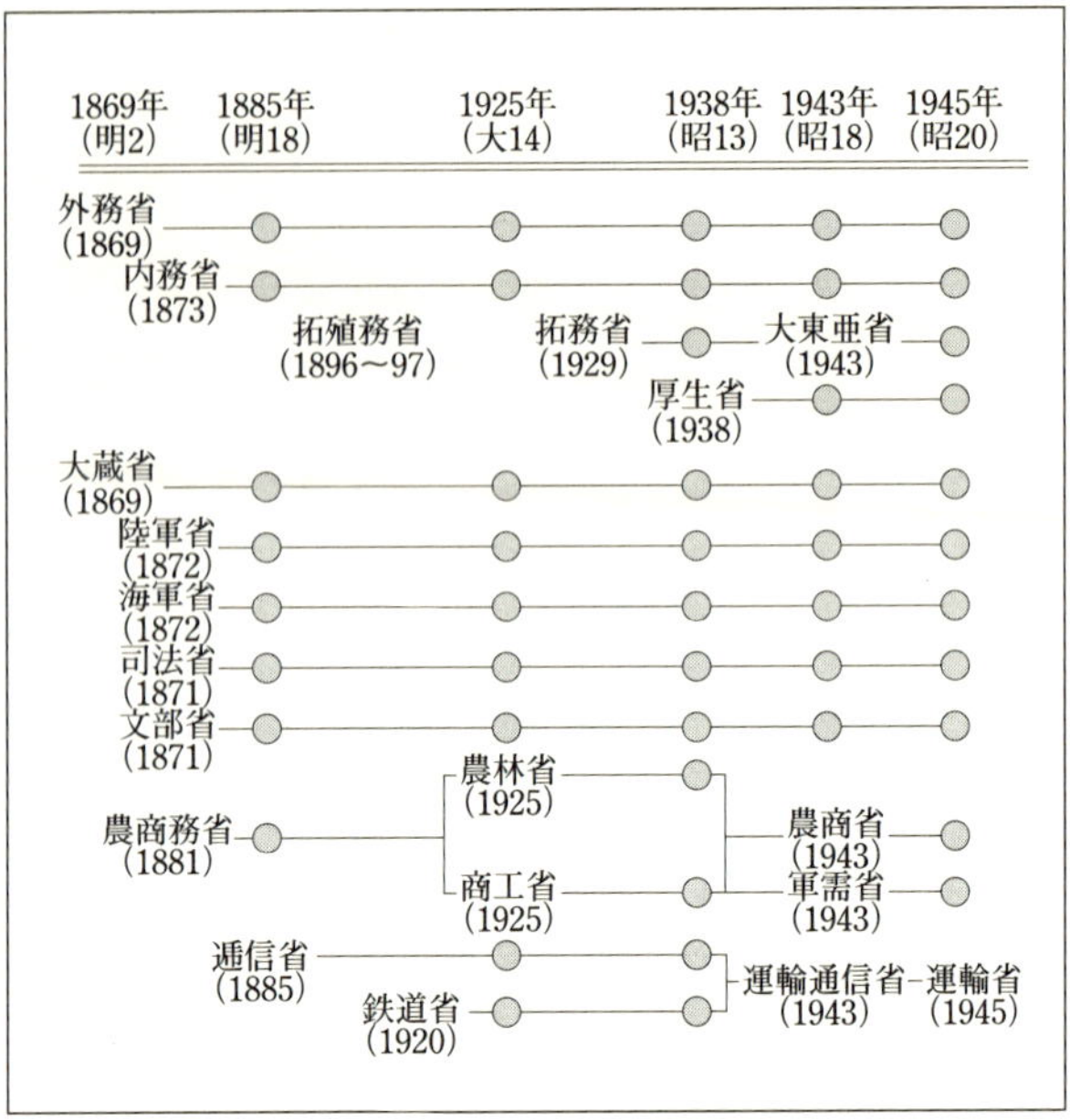

出典）　西尾・村松編『講座行政学 2　制度と構造』（有斐閣，1994 年），p. 43.

（設置順）の九省から構成されることになった。ちなみに、太政官制のもとで最初に設置された外務・大蔵両省と内閣制発足と同時に新設された逓信省とでは、設置年次に一六年の開きがある［図1参照］。

太政官制度から内閣制度への転換は、一般に、太政大臣による独任制から国務大臣全員による合議制への移行に焦点をおいてとらえられる。そして、内閣総理大臣の権能にかんしては、内閣制と同時に定められた内閣職権から帝国憲法発布の直後に公布された内閣官制への移行にともなって、内閣総理大臣の各省大臣にたいする統制権（大宰相主義）が弱められ、各省大臣による単独輔弼責任制が確立されたことに注意がうながされるのがつねである。いずれにせよ、各省官制（一八八六年二月）および内閣官制（一八八九年一二月）をはじめとする主要な官制の制定により基幹的な行政制度が整えられ、そのもとで以後の官庁セクショナリズムが展開されるようになったことはまちがいがない。

もちろん、ここでも連続面と断絶面が共存する。各省間のセクショナリズムは、さきに御厨の業績に従ってふれたように、それ以前から存在した。しかし、地方補助政策（地方経営）をめぐる内務・大蔵・農商務・工部の四省間の対立競合は内閣制度の創設によって沈静化し、御厨が注目したもう一方の首都計画にかんしては、それと異なるセクショナリズムの様相が呈されることになった。ここでの文脈でとくに重要であるのは、藩閥の存在との関係である。つまり、政策上の争点が即座に薩長対立などの藩閥レベルの対立と直結した明治初期とは異なり、行政官僚制の形成・整備につれて、政策上の争点は無媒介に藩閥レベルの対立に直結することなく、行政官僚制を媒介にしてそのなかで一定の解決がはかられるようになっていったことである。

行政官僚制を媒介にした争点解決において特徴的であるのが、官僚制化の進行に相即的な「行政の論理」の展開であって、それは、行政実務の処理を優先させる論理であり、行政活動の機能的合理性を反映する。それにたいして、行政官僚制をとりまく政治的諸勢力においては、政権の維持と奪取を視野においた権力闘争が重きをなし、天下・国家の運営方針をめぐる「政治運営の論理」とそれにたいする「政治批判の論理」が幅を利かせる。前掲した御厨の『明治国家形成と地方経営』と並ぶ労作

『首都計画の政治』は、こうした「行政の論理」と「政治運営の論理」あるいは「政治批判の論理」との衝突にかんするひとつの事例研究でもある。(12)

首都計画をめぐる対立は、内閣制のもとでにわかに登場した問題ではない。維新後、新たに首都東京が生まれて以来の懸案であり、地方経営をめぐる四省間の対立競合関係や土木主管をめぐる内務・工部両省の対立激化にも影響されて、紆余曲折を経なければならなかった。しかし、内閣制度の創設とそれにともなう官制改革により、首都計画問題はそれまでと異なる新しい政治状況に位置づけられることとなった。帝国議会の開設がクローズアップされてくるなかで、司法省・裁判所を中心とする官庁の建築計画とともに、国会議事堂の建築計画も具体的な問題として浮上してくる。単に東京の市区改正や運輸交通計画の問題だけではなくなってきたのである。

内務省・東京府の首都計画は、内閣制度創設の直前に成案をみた「市区改正審査会案」で一応の決着をみていた。したがって、その早期実施が山県有朋に率いられた内務省と東京府の望むところである。ところが、条約改正問題を念頭に欧化政策を促進した外務大臣井上馨の主導のもと、内閣に直属機関として臨時建築局が設置され（一八八六年二月）、そこに官庁・議事堂建築計画がゆだねられたこともあって、状況は一変する。他省に先行して官制改革を断行し、官僚制機構の整備が最もすすんでいた内務省においても分裂と対立が生じた。官制上は内務省本省の統制下にある東京府、警視庁、衛生局が相互に対立しあい、省としての組織的一体性を欠く事態となる。そのうえ、首都計画の財源としての入府税導入にかんしてやっと協調関係を築くことに成功した大蔵省との間で、その入府税問題をめぐってあらためて対立が生みだされるにいたった。内務省にとっては、いわば「内憂外患」の状況である。

内務省本省における「行政の論理」が効果を発揮したのは、こうした状況でのことであった。いったんは協調関係を築いた内務・大蔵両省による特別税採用の共同提案はついに閣議決定にいたらず、可否いずれでもない未決のまま先送りされ、それから二年余にわたって首都計画関係の問題は収拾されることがなかったが、その間において内務省は、東京市区部の大規模火災による焼失地処分や当面必要な建築規制を遂行する必要性を重視し、首都計画のなかから争点化しそうな要素を分離したうえで、それ以外の部分での個別事項にかんする一時的処理につき関係機関の承認をとり、それを積み重ねていく方策を採用していった。一件ごとの既成事実の積み重ねにより、やがては市区改正審査会案による首都計画の事実上の確定をめざす戦略である。

だが、内務省本省の「行政の論理」は、すんなりと貫かれたわけではない。臨時建築局総裁を兼務した井上馨は、思いきった対応策に出た。御厨の整理に従えば、「行政の論理」にたいする「情報政策」の対峙である。「行政の論理にのっとり、争点を極小化することにより課題の実現をめざした山県らの内務省に対して、井上は情報政策を駆使してあえて争点を政治領域に極大化することにより、自らの意図を貫徹して状況を乗り切ろうとした(13)」。つまり、本来内務省管轄下にある警視庁を臨時建築局主導の首都計画体制に組みこむため、警視総監三島通庸に建築局副総裁を兼任させ、それを井上の欧化政策に好意的だった新聞(『東京日日新聞』)にリークして外部からの政治的支持を動員しようというわけである(一八八六年七月)(14)。

これを機に、さきにふれた内務省機構における分裂と対立が助長されることになり、警視庁や衛生局の独立傾向が強まった。三島総監の率いる警視庁が臨時建築局と提携したのは、いわゆる藩閥人事のゆえではない。土木・建築・衛生などの分野での行政警察権の強化が喫緊の課題だったからである。これにコレラの流行がくわわり、市区改正審査会案に欠如していた上下水道問題の重要性が明らかになってきた。都市衛生の観点を重視する衛生局の出番である。かくて衛生局も独自性を強め、東京商工会や東京府区部会と対抗・提携関係を展開し、臨時建設局との関係を深めていく。あまつさえ、入府税問題への取り組みにおいて、内務省と東京府の間に微妙なズレが生じてきた。入府税導入を既定路線とする内務省にたいして、東京府はそれにこだわらず、焼失地処分の促進を期待したのである。

このような内務省サイドの状況に追い打ちをかけるかのように、首都計画における主導権確立を期した臨時建築局は、再び同様なジャーナリズム操作を駆使する一方で、総裁・副総裁連署による「秘密建議」を伊藤首相に提出した。東京の欠点を浮き彫りにするための遷都論とセットにした、建築局主導の大規模な首都改造論が建議の骨子である。いっきょに政治的な決着をつけようとする狙いであったが、これは失敗に終わる。しかし、それからまもなく、ドイツ人建築技師の再度の来日による市区改正計画、官庁・議事堂建築計画の具体的な成案作成に取りかかり、それをベースにした官庁・議事堂建築計画が正式に閣議決定されるにいたった(一八八七年七月)。三島警視庁総監が臨時建築局の副総裁を兼任してから一年後のことである。

さて、内務省の「行政の論理」にもとづく政治戦略は、これでもろくも敗北を喫したことになるのであろうか。一見すると、そのようにも見える。

臨時建築局の活動が活発化するのをうけながら、内務省は、焼却地処分による既成事実の積み重ねで対処するほかなかった。先例踏襲である。ところが、官庁・議事堂建築計画の閣議決定を控えて、それまで認められていた国庫繰替が拒否されるという事態が発生した。財源を絶たれてしまえば、もはや、市区改正審査会案のなし崩し的実施をつづけることができなくなる。そこで山県内相は意を決して、市区改正審査会案を採用するか、それとも即刻廃案とするかの選択を閣議に迫ることになった。しかし、すでに状況からして市区改正審査会案の採択はありえない。それならば廃案決定かと思いきや、そうはならず、いぜんとして未決のままにおかれた。なぜなのか。内務省における「行政の論理」の合理性を否定することができなかったからであり、国庫繰替にかえて官有河岸地収入からの臨時費支出が認められたのはそのためであった。

そのうえ、時代風潮がしだいに反欧化主義的傾向をみせるにともない、思わぬ展開が待ちうけていた。条約改正中止による臨時建築局の挫折である。井上は外相とともに建築局総裁も辞任、それを追って三島も建築局副総裁および警視総監を辞任した（一八八七年九月）。建築局の後任総裁は補充されず、建築局の内務省管理が決まった。

それだけではない。帝国議会開設後の展開がこれにくわわる。井上の外相・臨時建築局総裁の辞任があった翌日、山県内相は市制・町村制を閣議に提出し、一部修正のうえ可決となった。ここにおいて、地方自治制と首都計画との緊密化という新しい要請が生まれた。改進党系の「地方自治制推進の論理」と内務省の「行政の論理」が結びつき、懸案の費用財源問題にかんする内務・大蔵両省の協議がようやく整うことにより、二年半におよぶ首都計画関連案件の閣議未決状態はついに打開されることになった。「東京市区改正条例」の可決である（一八八八年三月）。

ここまでくると、残るは元老院の院議のみである。市制・町村制の審議過程に照らして、元老院での修正可決を予想しても不思議はない。しかし、その予想は外れてしまった。「東京市区改正条例」は三ヵ月余にわたる審議過程において、ついに逐条審議に入ることなく、真正面から全面的に否認されてしまった。同じ土俵の上での内在的批判ではなく、反欧化主義や伝統保持主義からの外在的批判、イデオロギー的反対論が大勢を占め、元老院の本会議で四六対三の圧倒的大差により廃案と決したのである（同年六月）。当時の政権の「政治運営の論理」にたいするいくつかのヴァリエーションをもった「政治批判の論理」が、帝国議会開設を目前に控えた元老院に凝結し、最もラジカルな形をとって噴出した結果であった。

この時すでに政権は伊藤内閣（第一次）から黒田内閣にかわっていたが、閣議決定を終えている内閣として、これを放置することができないのは当然である。とくに内務省にとっては、元老院の集中砲火をそのまま黙過することができなかった。それというのも、民力休養論、欧化反対論、中央集権批判、焼失地処分批判などすべての批判が、内務省で確立しつつあった「行政の論理」に向けられていたからである。かくして山県は松方とともに「原案決行の意見書」を提出し、「行政ハ実際ノ宜ニ適スルコトヲ要ス」ことをあらためて強調する。そして、これをうけて黒田内閣は、検視条例の発動により元老院の反対論を封じ込め、東京市区改正条例の公布に踏みきることとなった（同年八月）[15]。あえて言えば、「行政の論理」を吸収した「政治運営の論理」が「政治批判の論理」を押しきったのである。

各省分立体制下の政策展開

内閣制度が発足してまもなく各省官制が制定公布され、憲法発布の直後には、内閣職権に切り替えられて新たに内閣官制が制定公布されたことについてはすでにふれた。もう少し補足するならば、各省官制が制定された一八八六年から翌年にかけて地方官官制や官吏服務規律が整えられ、憲法発布を翌年に控えた八八年に枢密院官制が公布された。また、憲法発布の翌年、九〇年になると各省官制通則が定められ、ここに天皇制の統治機構を支えた官制の原型が確定されることになった。

日本官僚制の骨格をなした官制の形成過程にかんする丹念な研究として、赤木須留喜による『〈官制〉の形成』（一九九一年）がある[16]。憲法制定と官制の整備との関連について、赤木はつぎのように指摘している。「内閣職権の廃止と内閣官制の整備の背景に、大日本帝国憲法の制定をみ、とりわけ憲法第一〇条、第五五条が制定されたのであるが、憲法成文に規定される前、明治一八、九年の段階での整備をふまえて、憲法の成文のうえでは二ヶ条に限って行政権がその地位の保障をえたのであって、その逆ではないことを銘記すべきである[17]」。第一〇条が「官制大権」の根拠規定であり、第五五条が各省大臣の単独輔弼責任制を定めた規定である。

官制の構造は、赤木が指摘するとおり、「勅令の官制が官制をつくり、そして官制大権が官制を守るしくみになっている」[18]のであるが、そこからさらに「行政セクショナリズムの分立・割拠は、皮肉にも天皇の官制大権によって裏書されていた」とまで言いうるものかどうかは別問題である。各省分立体制が官制の構造に由来し、そのもとでセクショナリズムの展開があったことはたしかであるとしても、それが、赤木のいう官制大権の「制度の精神」としての「天皇の無謬性、神性による無答責性による推定」によって生みおとされたとするにはおよばないと考えるからである[19]。

ともあれ、行政各部の構成をしめす各省分立体制は、のちにみるように、戦前の天皇制を否定した戦後の政治体制にまで引き継がれることになる。しかし、官制の構造に由来する各省分立体制のもとでの官庁セクショナリズムがどのようなものであったかを知るためには、そこにいたる中間期の様相をおさえておくことが必要である。一言でいえば、戦前期政党政治におけるセクショナリズムの展開である。

各省間に争いが生じた場合、その公式的調整に当たるのは、もちろん内閣である。閣議事項を定めた内閣官制第五条第五号には「諸省ノ間主管権限ノ争議」が明記されている。しかし、閣議はもとよりのこと、特権的な地位にあった枢密院すら、期待された調整機能を十分にはたすことはできなかった。各省分立体制は「多頭一身の怪物」(中江兆民)とも称されたように、古くから多くの批判にさらされ、社会的評論の恰好の素材でもあった。たとえば内閣官制が公布された直後の新聞論説においても、「政府部内の事務は中央集権の弊を受くるよりも寧ろ割拠の弊に堪へざること多かりしなり」と鋭く指摘され、「割拠を防ぐの策如何」が問われている。[20]

第一次世界大戦後においても、こうした状況は基本的に変わるところがない。しかし、行政官僚制にとって重大な問題があった。升味準之輔の『日本政党史論』での表現を借りるならば、「官僚制ぜんたいをおびやかすような地殻変動がおこりつつあった」のだ。[21]「官僚（制）の政党化」と呼ばれる傾向がそれである。

この「官僚（制）の政党化」とは、政党の影響力がとくに内務省に浸潤するようになり、床次竹二郎内務次官の例（一九一三年政友会入党、翌一四年補欠選挙で代議士に当選）を筆頭に官僚が議会に進出するようになったことをいうが、[22]ここでも一面的把握は禁物である。政党化と同時に専門化もまた進行していたのであり、政党化と専門化との同時進行の過程で、各省所管の行政実務を遂行するための「行政の論理」を超えた、いわば「政策の論理」の形成が行政官僚制において求められるようになっていたことを見抜く必要があるからである。

行政官僚制における専門化の要請は、すでに山県内閣による「文官任用令」の改正（一八九九年）において謳われていた。「今や我国は尚ほ立憲制度創設の時代に属し、国民の理想未だ達せずと雖も、法令既に頗る詳密にして官吏に自由専断の余地少く、行政は漸く一の専問《ママ》技術たらんとするの期に達せり。是を以て行政官たる者は、唯だ天賦の才能のみに憑て、其任務を全うし得べきに非ず。政務に須要なる資質を要するの外、又専問《ママ》の学識を有せざる可らず、故に行政官の任用は、其忠実なる資質を要するの外、又専問《ママ》の学識を具ふる者を選まざるを可からず」。これが理由書の一節である。[23] よく知られるように、これは、わが国最初の政党内閣（憲政党）である大隈内閣（第一次）において、勅任官の範囲が拡大され、政党員を各省次官、局長、地方官等に大量に任用したことにたいする反動でもあった。具体策は自由任用の縮減である。「高等行政官以下に至りては、時局の変遷、若くは国務大臣の更迭に関して何等の影響を受く可き者に非ず。然らざれば将来数々起る可き内閣の更迭に際し毎々行政官吏を進退するの弊を生じ、行政は為に公正不羈の性格を失ひ、偏頗私利の具と為るに至る可きなり。故に行政官をして不偏不党政略の外に立たしむるに非ざれば、行政の公正得て望む可らざるなり[24]」という次第である。

上記の「官僚（制）の政党化」はそれからしばらくたってからのことであり、大正期に入ってからは自由任用の範囲が頻繁に変動した。それにあわせて、文官任用令の適用がない「政務官」の範囲、名称も変転する。しかし、その経緯をたどることがここでの目的ではないし、その必要もない。要は、行政官僚制における奏任官・勅任官・奏任官・判任官の階層的序列のなかで、党派間の「政略」や帝国議会との交渉事項にかかわる「政務」に直接参画・従事する人々あるいは各省の庶務に従事する人々（判任官）とは別に、いわゆる「高文合格者」を中心とする高等文官がひとつの階層をなして存在するようになり、時代の変化とともに、政策体系の構築をふくむ一種の「政策型思考」を発揮することが求められるようになった点に注目することである。[25]

しかし、この種の政策型思考は、各省で一律に形成されたわけではない。内政の総括省たる内務省に社会局が設置され（一九二〇年八月）、さらに外局になったとき（一九二二年一一月）、農商務省はこれにたいして激しく抵抗し、セクショナリズム的主張をくりかえしたという。「労働問題」や「社会問題」といった新たな政策課題への組織的対応が問われた事例である。

工場法の施行に代表される労働者保護行政、健康保険法に結実した社会保険法案の調査立案は、農商務省のなかでも重要視されていただけに、あっさりと全面移管を認めることはできない。だが、政権獲得後一年を経過した当時の原敬首相からすれば、「農商務省に置く事適当なれども、今は農商務にては甚だ心許なし、寧ろ内務省に之を新設すべし」との判断があった[26]。原内閣の内務大臣は前記の床次である。「労働局設置の問題に付、内務・農商務の協議に任せ、何れかに置かん事を注意し置きたるに、農相例の通属僚に相談せしと見え、農商務に置き度事を繰返して抛棄せず。正当の筋より云へば同省に置くは当然なれども、山本農相何事も為さず、事務吏に挙らざるに因り、寧ろ内務に置く方床次諸事に活動するに因り然るべしと考へて床次に内話せし事もあり。閣僚も多数同感なれども、両省の折合付かざるに付、余は、然らば内閣に一委員会を設けて両省の間に立ち調和を努め且つ実行を期すべし、と宣告して委員会の費用を予算に掲ぐる事となし……[27]」。こういうことであった。

「労働局設置の問題」として認識されていたところに示されるように、米騒動後において政治争点化したのは労働政策であった。その背景には国際労働問題の発生という事情がある。第一次世界大戦のパリ講和会議の場で国際労働法規の制定案が出現し、国際連盟規約に労働規約と国際労働機関（ILO）の設置が盛り込まれることになった。いわゆる「五大国」のひとつとして、それへの対応が迫られたのである。

原首相の認識は「農商務にては甚だ心許なし」というものであったが、急浮上した国際労働問題への対応において同省官僚が悪戦苦闘したことはいうまでもない。東京帝国大学に移る前の河合栄治郎もその一人である。講和条約に盛り込まれた「労働九原則」への対応をめぐっては、河合の退職にもうかがわれるとおり、議論があるところであった。各条約案の適用を緩和する例外措置を求めるための「特殊国」としての取り扱いが焦点である。またそれ以上に、ワシントンで開催された国際労働総会への労働代表選定にかんしては紛糾が生じた。たしかに農商務省の不手際が目立ったのである。このことについて升味はつぎのように記している。「社会局の設置によってもっとも被害をうけたのは農商務省であった。……しかし、農商務省は、国際労働問題の事情について熱意と理解が乏しく、一九一九年春、第一回国際労働会議の開催を聞いてはじめて狼狽するありさまであり、また、一九二〇年二月農商務省が発表した職業組合法案は、組合設立に認可主義をとる抑圧的な内容であった。そうだったから、農商務省から労働者保護事務をとりあげなければ、政府は国際的国内的状勢に適応できなかったのである。内務省は労働問題にたいしてははるかに開明的であったといわれる[28]」と。

まるで内務省の一方的勝利であるかのようである。だが、労働行政の所管についていえば、そうとばかりはいえない。社会局（内局）設置の段階では、農商務省工務局に労働課が設置され、労働保険とその他労働者保護にかんする事務を同課が主管することになった。さきに引用した原首相の日記の記述は、「又農商務省の工務局は当然此事務に当るべきものなれば労働の為め一課を新設して其事を掲ぐべく、又労働保険の調査など云ふ事も此局に費用を増加して担任せしむべし」とつづく。[29] その労働課が取り組んだ労働保険法案は健康保険法案に名称変更され、原首相暗殺後の一九二二年三月末に可決成立した。内務省の外局社会局の設置はそれから半年余たってからである。

原内閣を引き継いだ高橋是清内閣からさらに加藤友三郎内閣にかわり、その加藤内閣によってすすめられた行財政整理の一環として、「社会政策」にかんする行政事務について統一化の気運が高まった。外局社会局の設置がその成果であり、農商務省の労働課のみならず、産業行政の立場から農商務省が抵抗した工場課も社会局への移管が決まった。こうなると、もはや農商務省側の敗退は争えないようにも見受けられる。しかし、そうであろうか。

両省間での「所管争い」にかんする中静未知の検討によれば、「もともと農商務省の少なくとも局課長クラスの官僚たちは、既存業務の移管には抵抗したとしても労働行政の所管は望んでいなかった」ように考えられるという。[30] つまり、農商務省側は、工場法の施行や労働保険の立案等、当面していた個別案件を産業行政の立場からおこなうために所管の維持を主張したとしても、労働行政全般を引き受けるだけの展望を用意していなかったというのである。そこで中静は両省の「所管争い」について、『労働問題』の発生を前にして、内務省側が新たな行政カテゴリーを展望したのに対し、農商務省側はあくまで既存の行政カテゴリーの中で問題を捉えていた。両省の業務の統治に関わる度合の違いからくる感覚と対応の違いであったとも言えよう」とする。[31]

外局社会局の設置は、わが国における新しい政策領域としての「社会政策」の内容をなす労働・社である。

会行政の成立を物語るものであった。社会局（内局）の設置もそこに向かうプロセスのなかに位置づけられる。両省は、それぞれの展望のもとに新たな政策課題に対応しようとし、所管行政実務の遂行を超えた「政策の論理」を通して、新しい政策領域をめぐる「所管争い」にひとつの決着をつけたのである。

内務省優位体制の変容

官制大権に守られた各省分立体制のもとで内務省の優位は歴然としていた。そこでは他省に先がけて官制改革が断行され、官僚制機構の整備が最も進んでいたし、他省の範と目される存在であった。まさしく内政の総括省だったのである。

そのゆえもあってか、内務省の高等官に求められた能力は独特のものがあったようである。「彼らに必要だったのは、一つの実務を終生担当して精通することではなかった。それは属官の職務である。それよりも、いかなる事務にもたちまち適当し処理しうる能力、多岐にわたる実務の諸部門を統轄する能力が、彼らに要求されていたのである」[32]。升味はこのように記している。「日本の近代」シリーズの一巻『官僚の風貌』を著した水谷三公が指摘するように、こうした事情は、「内務省に限らず、法学士の『ジェネラリスト』が幅を利かす日本の役所に共通した事情ではある」[33]。しかし、それが内務官僚に際立っていたことは否定しがたいところであり、昭和の初め内務省に入省し法制局に移った井手成三の記述によれば、「なかでも内務官僚は、他の官僚群に比し、専門的な部門に専念することが少ないわりに何事にも接触して調整的機能をはたそうとし、技術的な掘り下げをするよりも、人と人との応接に力をそそぐところにその特色が見られる。したがって政治家として頭角を現す人も出す一面、多くの人を官場（役所）の雑草的存在に追いやった」という[34]。そうであればこそ、「官僚（制）の政党化」が内務省に浸潤したのであろう。

しかし、そのことがなぜ「官僚制ぜんたいをおびやかすような地殻変動」を引き起こすことになったのか。政治勢力の変動に注目する観点からすれば、それは、一貫した文武官僚支配を企図した「山県の牙城」が脅かされることになったからである。やや長くなるが、ここでも升味の巧みな筆致を借用しよう。「山県の砦は収縮する。彼の構想は、要するに、超党派的な中央政府＝官僚制が、一方では、無政党的状態に維持された地方自治体に接触し、他方では、三党鼎立の状態におかれた議会を操縦することであった。地方政治の無政党的状態は……すでに消滅し、産業化・流動化とともに都会の騒擾や社会主義運動が勃興しはじめている。そして、地方政治の無政党的状態に接続すべき官僚制は機構と人員の整備がすすむにしたがって山県の羈束から離反し、政党化の波にまきこまれる。山県は貴族院に、陸軍に、さらに枢密院に、宮中に退却せざるえない。……そして、山県は原＝政友会と結ぶ以外に途がなくなったのである[35]」。

こうした山県派の後退と並行して、行政官僚制の地殻変動が進行する。明治国家の形成期からつづいた「内務省による平和」（御厨）が急速な変容をとげることになったのである。その契機となったのは、大正も末の加藤高明護憲三派内閣における行政調査会の設置（一九二五年五月）であり、その直前に具体化した農林・商工両省の分離（同年四月）であった。治安維持法および普通選挙法の成立も同時期のことである。

行政調査会は「行政事務刷新ニ関スル調査審議ヲ為ス」ための内務大臣を委員長とする内閣直属の機関で、文官任用令をはじめとする官吏任用制度の改正、中央・地方間での組織権限の改正、各省間および各省内の権限整備などを具体的な改革項目としていた。このうち「各省各庁間権限紛雑ノ整理ニ関スル件」が、ここでの焦点となる。それが調査会の重要案件とされた事情は、その第一回会合にさいして、加藤首相がつぎのように言及していることからも推察できる。「各庁間ノ権限相互ニ錯綜紛淆シ時ニ積極又ハ消極ノ権限争議相生シ荏苒久シキニ亘リ決セス、又同一官庁ニ於テモ局課多岐ニ分レ事務ノ渋滞ヲ来スト共ニ民間ニ不便ヲ与フルモノ尠クナイノテアリマスカラ、之カ系統ヲ正シ其ノ組織ヲ簡明ナラシメネハナラヌノテアリマス(36)」。

各省間のみならず各省内部においても「積極又ハ消極ノ権限争議」がめずらしくなかったのであり、それが党派的思惑と結びつき、政治勢力間で政治争点化する機会はいくらでもあった。しかし、権限争議のすべてがそうなるわけのものではない。戦前期政党政治のもとでの水利開発の展開を主題とする論考において、御厨は、原内閣でのその問題の争点化についてわざわざ注意をうながしている。「ここで最も強調しておかねばならぬことは、内務・農商務・逓信三省による水利開発の争点化を、各省が相互に充分意識したセクショナリズム的対立とアプリオリに速断してはならぬということである。少なくとも……内務省は他省と異なって、専門を持たず国家行政の中心に位置するという自意識に基づき、水利開発の問題にも個々のケースに応じて内務省自身の裁量権を行使する形で対処する方向を示したように思われる[37]」。これが御厨のいう「内務省による平和」の時代の一般的パターンであった。「一般的に言って、たとえ先鋭なセクショナリズム的対立が生じた場合でも、最終的には一種の相互信頼に基づきケースバイケースで、官僚制相互の自律調整に委ねるという基本的な考え方が、特に内務省には強く存在したからである[38]」。

ところが、行政調査会が設置され、「各省各庁間権限紛雑ノ整理ニ関スル件」が重要課題のひとつになったことにより、「寛大かつ尊大な一省〔内務省〕の存在に依存して自律調整を行う[39]」従前の方式そのものがあらためて問い直されるにいたった。行政官僚制にたいする政党優位の体制を構築することが政治的課題とされていたからにほかならない。調査会は護憲三派の連立崩壊後も継続し、昭和期初めの田中義一政友会内閣のもとで廃止されるまで、二年余にわたる憲政会内閣の間存続したが、この政治的課題自体はついにはたされることなく終わった。まさしく政党政治における普遍的課題である。

さて、そうした政治的課題が意識されてくる過程で実現した農林・商工両省の分離はどうであったろうか[40]。分離直後における各省間調整への影響もあわせ問題にしよう。

内閣制発足以前の一八八一年に設置された農商務省は、農林・商工両省の分離によって四〇年余の歴史に幕を閉じた。この農商務省の再編問題が浮上したのは第一次大戦中のことであり、帝国農会などに結集した地主層からの「農務省独立」要求が発端であった。富山県で米騒動が起き、原内閣になってからは、この問題が閣議の予算会議で議題とされるようになったが、すぐには結論がでない。原の暗殺後に内閣を継いだ高橋是清大蔵大臣が分割に積極的であったのにたいして、農商務大臣山本達雄はそれに反対であったという。さきに社会局設置の事例でみたように、内務省との関係でみれば農商務省の威信は高くはなかったから、それが二省に分割となれば、さらなる威信の低下を免れることができない。閣内で「伴食大臣」となってしまうおそれもある。

ところが、それから三―四年間に事情が変わってくる。第一次大戦中に商工業が飛躍的に発展したことも一因であろう。しかし、それ以上に農業政策、とりわけ米価政策をめぐる展開が重要であった。すなわち、商工系官僚が中心となって推進した米価抑制策にたいする農務系官僚の反目が強まり、それまで表面化していた農務局と商工局（一九一九年五月からは商務局・工務局）の対立にくわえて、米穀法の制定（一九二一年四月）をうけて新設された食糧局の内部においてすら、米穀法運用にあたる商工系の業務・調査・経理の三課と食糧増産をはかる農務系の耕地整理・開墾の二課とで意見の衝突がくりかえされるあり様となった。商工系官僚は、第一には、都市の消費者にたいする物価安定策の一環として消費者本位の米価を実現しようとし、第二には、高米価が当時急速に発展しつつあった商工業に悪影響をもたらしかねないことを危惧した。これにたいして農務系官僚は、農業と農民の保護を主眼として米価の下落をおそれ、都市における商工業の発達を支える基盤としての内地農業の重要性を主張して相対峙することになったのである。

もはや、「局あって省なし」どころか「課あって局なし」の様相すら帯びてくる。したがって、省内において農務・商工の分離やむなしの判断が生まれてきて不思議はない。あとは閣議レベルでの政治的決定を待つのみである。原内閣を継いだ高橋内閣、そしてそれにつづく加藤（友）内閣でも農務省独立案が再登場したが、決定にはいたらず。いっきょに具体化したのは清浦奎吾超然内閣のもとであった。この清浦内閣は第二次護憲運動によって短期間で倒されたが、憲政会中心の加藤（高）護憲三派内閣で農商務大臣に就いたのは政友会総裁の高橋であり、結局彼が農商務省の幕引き役をつとめた。初代の農林大臣と商工大臣を兼任したのも彼であるが、発足の一六日後には早くも辞任している。まさに波乱ぶくみの発足である。

相次いだ内閣の交替にふれたのは、ほかでもない、両省の分離問題にかんしては、大正政変後の政界を主導した政党間で大きな対立がなかったことを示唆するためである。経緯からもうかがえるように、両省の分離は、農務（農林）省の独立の結果であり、商工省の設置はそれに随伴するいわば副産物であった。

ところで、農商務省の再編は内務省にとってどのような関係があったであろうか。さきに内務・農商務・逓信三省による水利開発の争点化にかんする御厨の指摘を引用したが、その後の展開はどうだったのだろうか。

まず、内政の総括省たる内務省の態度に変化はない。すなわち、内務省はいぜんとして治水中心の河川行政という立場から同省主導の総合調整をはかろうとし、農林省所管の用排水幹線改良事業の内務省移管、逓信省と共管の発電水利について内務省主管とすることを主張していた。しかし、これにたいして農林省も逓信省も反発し、ほかならぬ行政調査会の場で、治水行政と交錯する部分については内務省と協議すれば足りるとの態度をもって応酬。反発だけではない。新設の農林省からは内務省にたいして、水利組合の農林省移管が逆提案されるしまつ。これに商工省もくわわって、自省への電気事業移管論を主張したために、これにたいして逓信省は、電信電話事業と電気事業との密接な関係から通信政策の一体性を強調することになった。内務省の態度に変化がなくとも、内務省にたいする他省の態度は大きく変わってきた。しかも、地方長官からの意見表明も内務省本省の思惑どおりとはならず、地方の支持を有効に動員することができなかった(41)。

農林・商工両省分離直後における状況の特色を御厨に従って要約するならば、第一に、従前の各省間の「自律調整に任せておけば、一般的な制度改正や法制定を焦点として、けっして抜きさしならぬ争点と化すことはなかった問題まで、洗いざらい明るみに出されたこと」、第二に、「容易には収拾がつかぬほど複合的な対立状況を招くこと」になり、「行政調査会は内務省の当初の意図とは異なり、調整役を欠いたまま激しく各省の対立が亢進する可能性を生じた」ことにあった(42)。その後、憲政会単独内閣である若槻内閣(第一次)のもとで調整の努力がはらわれることになったが、「各省割拠の弊」はついに克服することができないまま終わってしまった。水利開発の問題をふくめ官庁権限争議について、最終的に正規の結論を出す機会を失ってしまったのである。

戦前期政党政治におけるセクショナリズムの展開を描きつくすことが、ここでの目的ではない。明治国家形成期のそれといかに異なっているかを確認することができれば、それで目的の一半ははたすことができた。比較的ていねいな事例の扱いをしたのは、ほかでもない、次節で取り上げる戦前から戦後への展開を念頭においたからであり、それが意図した目的の残る一半と関連する。

2 引き継がれた各省分立体制

わが国の歴史において、太平洋戦争の敗戦を境にした戦前から戦後への展開が一大画期をなしていることは明白である。そのことを否定するものは誰もいない。それは、明治維新にも匹敵する大きな変化を日本社会にもたらした。したがって、世間では「戦前戦後断絶論」が当たり前の見解なのであって、「戦前戦後連続論」が当たり前であるわけではけっしてない[43]。このことをしっかり認識してからないと、学界での「連続論」と「断絶論」の双方の位置づけも、また、なぜそのことにこだわるのかも正当に理解することができなくなる。

村松岐夫による「連続論」批判、「断絶論」の提起は、政治・行政学界でのことであった。学界での通説が世間の通説とは異なり、戦前と戦後の連続的側面を強調していたのにたいして、戦後も年を経るにしたがって、戦前との連続面よりも断絶面が相対的に強くなってきているのではないか、少なくとも、連続面のみならず断絶面もあわせとらえる必要があるのではないか、ということを主張するものであった。そのかぎりでは、「断絶論」の主張は、学界での通説的見解を批判し、いわば世間の通説を採りいれることによって、学界と世間との距離を近づける効用をはたしたといえる。

だが、この批判によって最も当惑したのは、「連続論」の論客とされた当事者たちではなかったろうか。なぜなら、その「連続論」は戦前と戦後の違いを認識すればこそ採用された見解であったからである。公法学の分野でも「憲法は変われども行政法は変わらず」（O・マイヤー）と称せられる。法制度よりも、そのもとでの行政機関の活動や機能となると、いっそうその傾向が強かった。憲法が変わり、政治体制の構成原理が変わったのに、なぜ行政はそれに応じて変わることがないのか、あるいは、変わった側面が少ないのか、そのことを説明する必要があった。戦前と戦後の違いを強く認識すればこそ変わらない側面を重視し、それがなぜなのか、どうしてなのかを明らかにすることが求められたのであり、その意味で「連続論」は、戦前・戦後の断絶を踏まえずして成り立ちえない立論の構成をとっていた。換言すれば、「連続論」は、もともとから、「断絶論」をふくみこむ見解だったということができる。

村松の主張は、地方自治の分野をもふくむ戦後政治・行政の全面にわたるものであるが、『戦後日本の官僚制』（一九八一年）で集約された「連続論」批判において主眼におかれたのは、戦後の「議会主義にもとづく政治過程」についての評価であった[44]。天皇制のもとで議院内閣制が拒否されていた戦前と、国民主権原理の転換によってそれが制度的に確立された戦後とでは、政治過程に明確な断絶があるのではないかとする見立てによるものである。

さて、大日本帝国憲法にかわる日本国憲法の制定によって、行政官僚制のセクショナリズムにいかなる断絶が生まれたか、あるいは、生まれなかったのか。それが、ここでの主たる関心事である。村松による官僚の意識調査がおこなわれたのは二回の石油ショックに挟まれた一九七〇年代半ばのことであるが、いわゆる「五五年体制」とそれ以降におけるセクショナリズムの展開については他章にゆずり、ここではほとんどもっぱら、戦前から戦後への政治体制の転換がもたらした影響に注目することとする。

各省分立体制の継承

大日本帝国憲法下における官制の構造は、すでにみたとおり、「勅令の官制が官制をつくり、そして官制大権が官制を守るしくみ」（赤木須留喜）であったが、その官制によって支えられた各省分立体制は、戦前の天皇制を否定した戦後の政治体制にまで引き継がれることになってしまった。まずは、そのことの確認から出発しなければならない(45)。

新憲法には、当然のことながら、官制大権の根拠規定であった帝国憲法第一〇条にみあう条文はない。行政権が属する内閣およびその構成にかんする規定がおかれているのみである。そして、その内閣について定めた内閣法は新憲法に二ヵ月遅れて公布され、国会法や地方自治法などの基幹法とともに憲法と同日施行となった。しかし、内閣の統轄下におかれる「行政機関の組織の基準」を定めた国家行政組織法の制定は憲法施行の一年余さき（一九四八年七月）であり、その施行は二年後（一九四九年六月）のことである。

終戦にともなう国内体制民主化にあたって、その一環をなす行政制度改革で優先されたのは官吏制度の改革であり、終戦の翌年春には官職制度の大改革がおこなわれた。また、国家公務員法は憲法施行後半年たらずで制定され、その施行も国家行政組織法より一年早かった。いずれにせよ、戦前来の内閣官制等は新憲法施行にともない廃止されることになったが、その憲法施行日と国家公務員法および国家行政組織法の施行日では一―二年の時期的なズレが生じている。そのズレを埋めたもの、それが、戦前の各省官制通則を継承した行政官庁法（一九四七年四月公布）であった。

この行政官庁法は、官制の暫定的な法律化を意図して当初一ヵ年間有効の時限立法として成立したものであるが、再三効力の延長がはかられ、結局、国家行政組織法の施行まで二ヵ年余りの期間有効となった。内閣法や国家行政組織法などの法案整備にあたったのは内閣に設けられた臨時法制調査会であり、その事務局は法制局が担当した。それ以外に行政調査部が設置され、そこでは「行政機構および公務員制度ならびに行政運営の改革に関する調査、研究および立案」（同官制第一条）がすすめられていた。司法省とともに法制局が解体となったために、恒久的な形式の行政官庁法案の立案はこの行政調査部が担当することとなり、いったんは成案を得たが、これがＧＨＱ（連合国軍総司令部）民政局の承認を得るにいたらず、廃案になってしまった。こうした経緯を経て、やがて国家行政組織法が国会での全面的修正をうけて成立し、各省庁設置法の成立をまってようやく施行される運びとなったのである。

概略はこのようであるが、戦前からの各省分立体制の継承関係を法制度面から確認するには、さしあたり第一次吉田内閣時代に公布された内閣法と行政官庁法とが重要である。前者では、内閣と「主任の大臣」との関係および「分担管理」のとらえ方が、また後者では、「主任の大臣」と各省大臣との結合化がポイントとなる。これらについて概説したのち、行政官庁法から国家行政組織法への切替えにあたって、「行政機関」概念が採用されたことが各省分立体制との関連でいかなる意義をもっていたのかを確認しておくこととしよう。

憲法上、行政権が帰属するのは合議制の機関としての内閣であり、その行政権の行使について内閣は、国権の最高機関として位置づけられた国会にたいして連帯して責任を負うことになった。各省大臣の単独輔弼責任制から国務大臣の連帯責任制への転換である。しかしながら、国務大臣・行政長官兼任制をとることで、各省が所管する行政事務の最高行政官庁は相も変わらず各省の行政長官を兼任する国務大臣としての「主任の大臣」であるとなると、従前の各省官制は実質的にそのまま継承されることになってしまう。それならば、連帯責任制への転換を制度的に担保するのは何であろうか。ひとつには内閣総理大臣の指導性であり、もうひとつは閣議の運営方法である。

内閣総理大臣の指導性といい閣議の運営方法といい、法制度上の問題であるよりは実際の運用上の問題であるところが大きい。まさしくそこが狙いどころであった。官制の法律化にあたって、内閣の自律性をどのように確保するのか、したがってまた、慣例・解釈等の運用による裁量の余地をどのように残すかということが、臨時法制調査会の事務局を担当した法制局官僚の腕の見せ場となった。そのことは、すでに岡田彰の研究によって余すところなく明らかにされている。すなわち、議院内閣制の要となる内閣の組織・運営を定める法律の制定ということになれば、国権の最高機関とされた国会との関係あるいは従前の行政官庁概念において最高行政官庁として位置づけられた各省大臣との関係をいかに整序するかという根本問題があらためて浮上せざるをえないことになるが、岡田によれば、「これに対して、法制局は既成の組織、体系の存続を前提としつつ、新憲法との形式的制度論理として整合性を図るという方向を選択したのである。それが、内閣官制に代わる内閣法であった[46]」。

この新憲法との論理的整合性をはかるうえで焦点となったのが、「主任の大臣」による「分担管理」の仕組みにほかならない。「各大臣は、別に法律の定めるところにより、主任の大臣として、行政事務を分担管理する」。この規定である。行政権が帰属する内閣の職務は閣議によりおこなうのであるから、閣議に付された政策の決定主体は「主任の大臣」ではなく内閣である。したがって、その責任は内閣が負う。だが、閣議で決定された政策を実行するのは「主任の大臣」に率いられた各省であり、政策実行上の責任については、各省大臣が内閣にたいして責任を負う。閣議を通じて政策の決定に参画すると同時に、決定された政策の実行に責任を負うのが「主任の大臣」であり、それが「分担管理」の意味するところとなる。その意味において「分担管理」は、「政策の決定と執行を分離させつつ、両者を媒介する」機能をはたすこととなった[47]。

この「分担管理」の仕組みを用意したのは内閣法であったが、これだけでは不十分である。右に引用した内閣法の規定にもあるとおり、内閣を構成する各大臣と「主任の大臣」の結合を具体化するには別の法律が必要であった。行政機関の規格法としての国家行政組織法が制定される以前に、その結合をはたすために暫定的に制定された法律、それが行政官庁法であり、これにより、一般行政事務を分担管理する各省に法律上の根拠が与えられることになった。公布時点(一九四七年四月)における省編成は、外務省、内務省、大蔵省、司法省、文部省、厚生省、農林省、商工省、運輸省、逓信省の一〇省体制である。

前節の〔図1〕における一九四五年部分との異動について補足しておくと、一九四五年五月に運輸通信省が廃止されて運輸省が設置されたあと、八月には大東亜省、軍需省、農商省が廃止される一方で、農林省と商工省が復活し、さらに一二月になって陸軍省と海軍省が廃止されたかわりに第一・第二復員省が翌年六月まで設置された。逓信省が復活したのはその直後の四六年七月である。また、行政官庁法の成立後二ヵ月と少したった四七年六月二七日の閣議（片山内閣）で内務省の廃止が決定され、同年末日をもって同省は創設以来七四年におよぶ歴史の幕を閉じることになった。

ところで、行政官庁法にかわって、芦田内閣時代に制定され、第三次吉田内閣のもとでやっと施行となった国家行政組織法では、従来の「行政官庁」概念にかわる新しい概念として「行政機関」の概念が導入された。さきにふれたとおり、行政調査部が作成を担当した恒久的な新行政官庁法案はGHQ民政局の承認を得られることなく、その勧告にもとづいて新たに国家行政組織法案の立案・検討が開始されたのであったが、その過程においてにわかに登場したのが、いわゆる「ポジション（職位）の集合体」を指す「行政機関」の概念であった。

この用語変更の理由については当事者の説得力ある説明は見られないようである。しかし、その意味するところは重大であった。当時の行政調査部員であった佐藤功が後年記すところによれば、それは「単に用語上の変化ではなく、基本的な考え方の変化であると見なければならない」のであって、

「この変化はまた従来のわが行政組織法体系を支配していたドイツ的な考え方がアメリカ的な考え方に切り換えられたことを示すともいってよいのである[48]」。しかしながら他面において、そうした「基本的な考え方の変化」が、きわめて限定的な影響力しかもたなかったことも事実である。その証拠に、国家行政組織法の施行にあわせていっせいに制定された各省庁設置法は、戦前来の各省官制を原型として基本的にそのスタイルを継承しており、いぜんとして官制の法律化にとどまるものでしかなかったからである。

そもそも、内閣に帰属する行政権を「主任の大臣」たる各省大臣に分担管理させる仕組みそれ自体が行政官庁理論を前提にした論理的組み立てになっており、遅れて取り組まれた国家行政組織法案の起草過程において「基本的な考え方の変化」がはかられようと、それを各省庁設置法にまで浸透させることには無理があった。行政調査部が恒久的な新行政官庁法案の試案作成にさいして、新憲法施行以降における労働省の設置、内務省・司法省の解体、各種行政委員会の新設等の経緯をふまえて、「新憲法下の行政機構改革の方針」と題する文書をとりまとめ、そこにおいて行政機構改革の基本原理についての確認をおこなったにもかかわらず、その成果は、相も変わらぬ「行政官庁法案」でしかなかった。だからこそ、それにかえて国家行政組織法案が立案されたのであるが、「行政官庁」を「行政機関」に置き換えたところで、「主任の大臣」による分担管理の仕組みそのものを突き崩すことはできはしない。新用語法によれば、各省大臣は「行政機関の内部における長たる機関」ということになるけれども、内閣法にいう「主任の大臣」として行政事務を分担管理することにおいてなんら変わりはないのである。

「行政機関」概念の採用が限られた意味しかもたなかったことは、国のいわゆる機関委任事務にかんして、地方自治体の長にたいする各省大臣の指揮監督権と罷免権が規定されたことによって歴然となった。このうち罷免権については二〇世紀末の地方分権改革にさきだって改正されることになったものの、内閣に帰属する行政権を全国の自治体にくまなく行き渡らせる仕組みとしての機関委任事務制度が、戦後の半世紀にわたって存続したことはまぎれもない事実であり、その制度のもとでは、自治体行政組織を中央省庁の下位に位置する地方機関とみなす観念が牢固として存続する結果を招いたのである。これこそ、明治以来の各省官制の遺物にほかならない。

行政官庁法案の立案過程では、官吏としての「地方長官（警視総監をふくむ）」にたいする各省大臣の指揮監督権の規定からはじまり、国の機関としての「都道府県の長」にたいする指揮監督権、同じく「都道府県及び特別市の長」にたいする指揮監督権の規定を経て、府県の「完全自治体化」をもたらした地方制度改革にともない、市町村長をふくむ「地方公共団体の長」にたいする指揮監督権の規定へとさらに対象範囲を広げることになったが、国家行政組織法になると、地方自治法における職務執行命令訴訟制度の採用により、自治体の長にたいする罷免権までが規定されるにおよんだ。住民の直接公選による自治体の長がすべて「国の機関」として位置づけられることだけが問題なのではない。従前の「行政官庁」にかえて新たに「行政機関」の概念が採用されたにもかかわらず、個々の地方自治体にとっては、中央政府の全体ではなく、それを構成する行政機関にすぎない各省がそれぞれ

「国」として立ち現れる各省分立体制がそのまま存続することになってしまったことが重大なのである。「主任の大臣」としての総理大臣もふくめて、「主任の大臣」の数だけ「国」が存在するのである。

政府機構の転換と「組織」の存続

いささか各省分立体制が継承されたことにこだわりすぎていようか。ひとたびそのことを措いてしまえば、行政組織編成において各省が分立していることは少しも不思議なことではない。また、いわゆる「分担管理の原則」にしても、それを明治以来の官制の構造から切り離して、行政組織編成における部門管理の態様としてとらえるならば、ごく当たり前のことでしかないとも言いうる。

だが、「主任の大臣」による分担管理の仕組みに関心を寄せるゆえんは、その歴史的な継承関係にこそある。戦前の「主任の大臣」たる各省大臣の単独輔弼責任制のもとで各省組織の自己完結性が保持されたことにより、とりわけ各省間でのセクショナリズムが強化され増幅される傾向があったとするならば、戦後の議院内閣制への展開において、各省組織の自己完結性と省庁関係にいかなる変化が現れることになったのか、そのことに注目せざるをえないのである。赤木須留喜の表現を借りるならば、「各省庁行政セクショナリズムの貫徹力を保障していた制度の『組織』と、その『制度における精神』をうみだす機構に対して、あらためて、考察を試みる必要がある」からである。[49]

しかしまた、赤木のいう「組織」に変化はなくとも、いうところの「制度における精神」もしくは「制度の精神」を生みだす統治機構の構成にかんしては、戦前と戦後で明らかに大きな変化があったはずではなかったか。いかにも、そのとおりである。憲法の構成原理を比較するかぎり、大日本帝国憲法と日本国憲法とでは、まさに革命的な転換があった。したがって、「制度における精神」に着目するにしても、よもや、天皇制で想定された精神構造をそのまま援用するわけにはいかないであろう。それにかえて、井出嘉憲が強調した「官の行政文化」の伝統とその温存によって「制度における精神」を説明することも一法であるが[50]、各省のセクショナリズムとの関連でみる場合、どうやら、それだけですますことはできそうにない。そうであるならば、むしろ、戦後の議院内閣制への展開過程での政府機構の頂点部分における制度変化に注目して、その帰結を確認することのほうが近道であるのかもしれない。

法制局の解体後、全面的な行政機構改革を担当した行政調査部において「新憲法下の行政機構改革の方針」がまとめられたことについてはさきにふれる機会があった。中央行政機構の改革を扱ったその第二章で、まず取り上げられたのは内閣の機構改革問題である。なぜなのか。それは、「合議体たる内閣に最高の国家の意思を適切に決定実行するための条件を備えしめることが改革の眼目」であったからにほかならない[51]。

すでにみたとおり、官制の法律化にあたり最高行政官庁を「主任の大臣」とするか内閣とするかは「分担管理の原則」の根幹にかかわる問題であったが、戦後の議院内閣制において、従前の純然たるその原則の適用は修正を免れることができない。各省大臣の単独補弼責任制のもとにあっては、美濃部達吉の公法学説で集約されているとおり、「各省大臣の権限に属する行政事務は、各省大臣の単独に決し得べきもので、時として関係大臣との協議を要することは有っても、原則としては閣議を経ねばならぬものではない。閣議に附せらるるものは、主としては国務大臣としての職務に関するものである」[52]。しかし、「主任の大臣」による分担管理の仕組みが存続したとはいえ、連帯責任制に転換した内閣制度においてこの論理がそのまま通用するはずもなく、前記のように「分担管理」について、「政策の決定と執行を分離させせつつ、両者を媒介する」という苦しい説明に置き換えられることとなった。ただし、実体は渾然としたまま、分担されるそれぞれの分野では、その媒介者が君臨することにならざるをえない。

内閣総理大臣の権限強化についてはどうか。内閣強化と総理大臣への権限集中の要請は戦前来のものであった。とりわけ戦時体制下においてその要請は強まり、いくつかの企てがなされた。しかし、その歴史的経緯があっただけに、議院内閣制のもとでの内閣総理大臣の位置づけについては揺れるところがあった。内閣の首長としての地位を強調すべきか、それとも、「同輩中の一人」(primus inter pares) としての地位にとどめるのがよいのか、いずれであるのかという問題である。

第一次吉田内閣でいったん閣議決定された内閣法案では、内閣官制において「諸省ノ間主管権限ノ争議」が閣議事項とされていたのをうけて、「内閣は、主任の大臣の間における権限についての疑義を裁定する」(第四条) と定められていた。これにたいしてGHQ民政局は、それを内閣総理大臣の権限としない理由を質した。民政局は「強い総理大臣」を求めたのである。こうして右の条文は「主任の大臣の間における権限についての疑義は、内閣総理大臣が、閣議にかけてこれを決定する」(第七条）と改められ、同時に行政各部の指揮監督についても、「内閣総理大臣は、閣議にかけて決定した方針に基いて、行政各部を指揮監督する」との規定（第六条）が追加されることになったのであった。

内閣法案におけるこの修正は、どのように評価できるであろうか。ここでも念のため、官制下での「官庁相互ノ関係」にかんする美濃部の整理を確認しておこう。その項目の冒頭にいわく、「官庁ノ権限ノ分配ノ結果トシテ官庁ハ対立ノ関係ニ立ツモノアリ、或ハ上下ノ階級ヲ為スモノアリ。内閣総理大臣及各省大臣ハ行政各部ノ最高官庁トシテ直接ニ天皇ニ隷シテ相対立ス」。ついで、「相対立スル官庁相互ノ関係」につき、第一に、「互ニ他ノ権限ヲ侵スコトヲ得ズ」、第二に、「二以上ノ官庁ノ権限ニ関係アルモノニ付テハ其ノ協議ヲ要ス」、第三に、「正当ノ権限内ノ行為ニ付テハ互ニ其ノ拘束ヲ受ク」、第四に、「時トシテハ相互ノ間ニ事務ノ嘱託ガ許サルルコトアリ[53]」とつづける。これが美濃部による整理であった。

閣議決定された内閣法案とくらべてみると明らかに違うかに見える。最初の「内閣総理大臣及各省大臣ハ行政各部ノ最高官庁トシテ直接ニ天皇ニ隷シテ相対立ス」の一節中、「天皇ニ隷シテ」の部分は明白に異なる。だが、総理大臣の調整権限については、あらためて、引用した内閣法の二つの条文を見られたい。いずれも「閣議にかけて」の文言が抜かりなく入っている。しかも、その閣議における決定は慣例によって全員一致が原則である。したがって、主任の大臣間での権限の疑義にかんする総理大臣の決定といっても、事実上は内閣の裁定と変わるところがない。天川晃の指摘によれば、「内閣法案に盛り込まれた修正は、従来の法制局の枠組とは異なる解釈をなしうる可能性を残すものではあったが、同時に法制局の基本的な立場を維持しうる解釈の余地をも残す妥協的なものであった」[54]。総理が発案し、閣議においてそれを決定し、その決定にもとづいて総理が執行する、というのが当時の法制局解釈であって、それは要するに、行政権の自律性を担保するには、国権の最高機関たる国会の議決で指名される総理大臣よりも、一種の「内閣機関説」でとらえられた内閣にいわば下駄を預けたほうがよいとの判断だったのである。

さて、つぎに内閣機能強化のための総理直属機関の設置についてはどうか。内閣法案の制定過程から法制局の位置づけが問題になっていたが、対象が行政官庁法案に移ってからは、総理大臣を主任の大臣とする新たな官庁としての内閣庁や総理庁の設置構想がひとつの焦点となった。内閣機能の強化を改革の眼目として行政調査部でまとめられたさきの「新憲法下の行政機構改革の方針」では、総理庁の構成について、行政各部を指揮監督する総理大臣の地位にふさわしい総合的部局にかぎるべきであるとして、具体的には、法制局、人事局、予算局の三局を挙げ、さらに行政調査部の後継機関として行政経営部局の設置構想を示している。最後の行政経営部局構想を具体化したのが、翌年（一九四八年）七月発足の行政管理庁にほかならない。

総理直属機関の設置構想もまた、戦後になって初めて登場した問題ではない。昭和戦中期を中心として具体化した総理大臣のスタッフ機関については、「国策統合機関」あるいは「総合国策機関」などの用語で注目され、一連の研究業績が生みだされている。それら機関の具体例としては、内閣調査局（一九三五年五月—三七年五月）、企画庁（三七年五月—一〇月）、企画院（三七年一〇月—四三年一一月）、総合計画局（四四年一一月―四五年九月）などが挙げられる。

これらのなかでとくに関心が集中したのが、国家総動員体制の中枢機関として知られる第一次近衛内閣時代の企画院であるが、これにかんして井出嘉憲は、同機関に付与された絶大なる「権限は、実際には各省の強大な事務権限および大蔵省の予算権限とぶつかって、摩擦や対立を生じ、実効性を確保することは困難であった」とし、他の審議調査機関が内閣に設置されたこともあって、「企画院は、外では各省・各機関との妥協を強いられ、内でもまたそうした外のセクショナリズムを反映して、『船頭多くして船山に登る』という情景を呈しがちであった」[55]とする。もう一人、昭和初めにおける資源局の設置過程から企画院の設置過程までを検討した御厨もまた、「企画院の創設は……陸軍の力を背景とした大蔵―商工両省による主導権の確立を意味した」が、「実務機関としての企画院の創設の成功は、しかし政治的インプリケーションを含んだマクロレベルの政策の計画化と総合化をめざす統合主体の創設の失敗を意味した」としている[56]。いずれにせよ、全政府レベルでのセクショナリズムの克服は容易ならざる課題だったのである。

はたして行政管理庁の場合はどうであったか。その設立前後の過程については、戦前のケースとの比較においてすぐあとにあらためて取り上げることとして、ここでは行政管理庁設立から二年後、衆議院内閣委員会の参考人として呼ばれた蠟山政道の見解を引くにとどめよう。「今日行政管理庁というものができましたのは、非常に画期的な意義を持っておる。あれは予算制度には触れておりませんけれども、行政管理というものが総理大臣の手においてなされたということは、従来見られなかった一進歩でありまして、行政管理という新しい観念がここに生まれたわけであります。……あの制度、あの機関がなかったならば、総理大臣は憲法上の機能を果すことはできないと思うのであります。そういう意味で行政管理庁のごとき制度は非常な意味を持っているのであります。……ここで予算局というものをここに移しますれば、名実ともに内閣制度は完了し、原理的にも筋の通ったものになり、実際的には非常に強力なものになると思います」(57)。このような期待をもってその画期的意義が理解された行政管理庁の設立であったが、実はこの時点においてすでに所期の狙いは大きくゆがめられ、総理府への大蔵省主計局移管構想もついに陽の目を見るにいたらなかった。

このようにみてくると、議院内閣制への転換に適合した行政機構改革を推進しようとしたGHQ民政局の狙いも、あるいは、その意をうけて法案の立案にあたった行政調査部における積極的意図も、そのとおりには実現することができなかったと結論づけざるをえない。なぜ、そうなってしまったのか。あらためて、変えようとして変えられなかった組織機制の根強さに着目する必要がありそうである。

セクショナリズム対策の戦前と戦後

前節の考察からうかがうことができるように、行政官僚制のセクショナリズムはその国の歴史過程に深く根ざしている。一般的にいって、社会が変わればやがて政治も行政も変わらざるをえないであろうし、それが戦前から戦後への展開となれば、さきに指摘したとおり、まちがいなくわが国の歴史における一大画期だったのだから、セクショナリズムの具体的な現れ方や実際の様相にも大きな変化が見られるのではないか。このように考えて不思議はない。

しかしながら、その反面において、明治以来の各省分立体制のもとで、変えようとして変えることができなかった組織機制の根強さが牢固として存在することも否定しがたいところである。実は、行政官僚制におけるセクショナリズムこそ、その組織機制に根ざすものの代表例なのである。しかも、それが組織機制によるものであるかぎり、わが国の行政官僚制にのみ特徴的であるわけでも、わが国においてことのほか顕著であるというものでもない。少なくとも、そのように言いきれるものではない。

ここで、さきに簡単にふれた行政管理庁の設立前後の過程を再度取り上げ、戦前のケースとの比較をしてみることにしよう。それは既存省庁間でのセクショナリズムがとくに激しく展開された事例というわけではなく、戦前においてまったく同種の行政管理機関が存在したわけでもないが、その比較を通じて、政治体制上の断絶にもかかわらず、戦前から戦後にかけて継続した省庁間政治力学の一端を見てとることができるばかりでなく、行政管理をめぐるＧＨＱ内部での部局間対立と連動したことにより、文字どおりのクロスナショナルな展開が見られるからである。よく知られていることではあるが、ＧＨＱもまた一枚岩ではなかったのである。

さきに引用した蠟山の見解の最後の部分を見られたい。恒久的な行政管理部門の編成にあたって最大の論点を形成したのは、予算編成を通じて実質的に各種の管理統制機能をはたしてきた大蔵省主計局の帰趨であった。蠟山が「予算局」という名称を用いているところから察せられるとおり、モデルとなったのはアメリカ大統領府の予算局である。ＧＨＱ民政局（Government Section：GS）も日本政府の行政調査部も、「行政管理に関する大統領諮問委員会」（ブラウンロー委員会）の勧告に従って、財務省から大統領府に移管設置された予算局をモデルとして、総理大臣直属の行政経営（管理）部局の設置を考えていた。しかし、その構想は大蔵省を強く刺激することになり、「主計局移管阻止」という同省の立場を硬化させる結果となってしまった。大蔵省側は、行政管理の拡充をいうのであれば、米国の予算局よりも英国の大蔵省方式にならって、自省への行政管理機能の吸収統合をはかる考えだったのである。(58)

さて、どうすべきか。折しも、ＧＨＱ内部では国家公務員法の制定と改正をめぐって民政局（ＧＳ）と経済科学局（Economic and Scientific Section：ESS）との政策上の対立が表面化しつつあり、民政局としては行政管理部門の編成にかんしても、大蔵省を監督する経済科学局の意向を無視して一存で進めるわけにはいかない状況にあった。ＧＳ対ＥＳＳである。その状況下で、大蔵省側の反発に配慮した行政調査部は、その任務を大蔵省に吸収し、同省の外局として主計庁を設置する「主計庁設置要綱案」を作成したが（一九四八年一月中旬）、これでも大蔵省との妥協が成立せず、さらにそれを修正して、大蔵省の内部部局として主計総局を設置する「主計総局設置要綱案」を取りまとめ、ＧＳに提出するにいたった（二月下旬）。総理大臣直属の統合的機関の設置にこだわらず、予算統制機能とその他の行政管理機能の機能的統合を重視した思いきった方針転換である。

ところが、この案も具体化することはなかった。それからまもなく、GSとESSとの直接協議により、「財政金融政策の所管機関と行政管理政策の所管機関とは、組織上の権限の分割を行なう」としながらも、「内閣レベルに、行政管理及び予算機能に関する独立の行政機関の設置が望ましい」とする原則的合意が成立した（三月中旬）。前年一〇月に成立したばかりの国家公務員法の改正、公務員のストライキ禁止、団体交渉権の否認等を内容とする「マッカーサー書簡」が日本政府に伝えられる四ヵ月ほど前のことである。公務員法制をめぐるGSとESSとの対立はそれぞれ局内での所管課が異なるけれども、このときの対立でGSの主張が通ったことにくわえて、行政管理部門の編成についても同局の構想が生かされるとなると、ESSにとってはGHQ内部での局間交渉で連敗となる。あるいはこのことへの配慮もあったのであろうか。GSは、両局協議にもとづいて作成された「行政運営及び予算庁」案につき、あらためてESSの了承を得る手続きを踏んだ。ESSが大蔵省主計局の内閣移管に反対の意思表示をしたのは、この段階である（四月下旬）。局内で移管反対の立場を鮮明にしたのは財政課であり、その意向をうけてESSは、「財政金融政策と予算管理の双方に対する責任が独立の予算局にあるとすれば、これまでの大蔵省のほかに新しい大蔵省を事実上新設することになる」とし、予算管理の独立化をおこなったとしても、かえって国家政策に軋轢と不安定さをもたらすことになると主張したのである。

ESSの裏に大蔵省が存在したことは明々白々であった。単に行政調査部対大蔵省でも、GS対ESSでもない、行政調査部＝GSの連合にたいする大蔵省＝ESSの連合との「クロス・ナショナル

な組織的対立」だったのである。(59)

ところで、米国の予算局をモデルとした内閣直属部局の設置構想は、このときが初めてではなかった。同様な着想にもとづく中枢管理機構の制度設計が戦前にもなされていたことを想い起こさなければならない。さきにふれた企画院のケースがその代表例であるが、その前に、「満州における実験」についての井出の興味ある指摘を引いておこう。

井出によれば、「満州国国務院官制においては、行政管理装置の戦略中心点に予算局を配している アメリカ等のモデルにならって、主計（および人事等）をふくむ強大な権限を有する『総務庁』が設置され、強力宰相型の『国務総理』に直結させられていた。軍部＝革新官僚による『総務院』創設の要求は、この満州での実験の日本本土における拡大適用という意味をももっていた」という。(60) ちなみに、確たる証拠が不十分ではあるが、満州国における総務庁中心主義の着想は、満州国の建国直前における蠟山政道の示唆に負うとの指摘もある。(61)

米国の予算局が財務省から大統領府に移管設置されたのは一九三九年のことであるが、その勧告案をまとめた「行政管理に関する大統領諮問委員会」が発足した三六年三月、わが国では広田弘毅内閣が誕生し、その広田内閣での総務庁設置案を皮切りとして、大蔵省主計局の内閣移管論議をふくむ行政機構の整備・改善問題が歴代内閣の懸案となるにいたる。そして翌三七年五月には、二年前に設置された内閣調査局の拡充改組という形で企画庁が設置され、さらに同年一〇月になると、第一次近衛内閣のもとで企画院が設置されることになる。

この企画院は、官制上、「平戦時に於ける総合国力の拡充運用に関する重要事項の予算統制に関し、内閣総理大臣を経て内閣に上申すること」が認められた機関であったが、その設立時点では、大蔵省主計局の移管はまだ明確に打ち出されていない。その動きが一般に表面化したのは、企画院設置後一年を経過したころのことであり、満州国総務庁にならった総合国策機関として拡充強化する構想が同年春から企画院内部で極秘裏に策定され、そこにおいて法制局、内閣情報部とともに大蔵省主計局を統合する方針が組み込まれていたのである[62]。その後、三九年に入ってまもなく、陸軍から「大企画院」構想があらためて提示され、法制局、内閣情報部、大蔵省主計局の移管を骨子とする企画院案が陸軍のバックアップによるものであることが明らかとなった。しかし、近衛内閣が倒れ、かわって登場した平沼騏一郎内閣では、企画院総裁人事が難航し、大蔵省主計局の統合についてもそれを困難視する見方が有力となった。陸軍にたいする海軍の反目のみならず、商工省とともに企画院創設を主導した大蔵省自体が主計局移管に反対だったのである[63]。

さきの敗戦後における大蔵省主計局の内閣移管問題とくらべてどうだろうか。単純な比較は論外であろうが、どちらも大蔵省の意向がひとつの決めてになったことでは共通している。GHQ民政局からの主計局移管提案にたいして、大蔵省の意向をうけたESSは、日米における議院内閣制と大統領制との違いにあらためて注意を喚起している。それが、GHQ内部部局の見解であるだけに注目に値する。

内閣総理大臣はアメリカ大統領のような「首長（chief executive）」ではない。総理大臣ではなく、内閣が行政部（executive）なのである。大蔵大臣が財政政策推進の職務を行うことが、総理大臣の責任を侵害し、その他の国務大臣の上位に位置する、という論議は有効性をもたない。財政及び予算政策を決定するのは閣議であり、大蔵大臣でも総理大臣でもないのである(64)。

これこそ、戦前来の各省分立体制を正当化する論理以外の何ものでもない。行政権の帰属主体は天皇から内閣にかわった。けれども、まさしく「憲法は変われども行政法は変わらず」であり、総理大臣直属機関の設置によって各省間セクショナリズムの弊害を克服しようとした目論見は、いずれにおいても失敗に帰してしまったのである。

行政組織編制の法定主義をめぐって

戦後になってまったく変わったこともある。行政組織編制の決定における法定主義の採用がそれである。すでにみたとおり、行政機関の規格法としての国家行政組織法が制定される以前に、内閣を構成する各大臣と各省を所管する「主任の大臣」との結合を具体化する暫定法律として行政官庁法が定められ、これにより戦前の各省分立体制が継承されることになったのであるが、その継承関係の反面において、従前の天皇の官制大権にもとづく勅令から国会が定める法律へと、法形式が転換されたこと自体の画期的意義を見落としてはならない。「この点はまさにわが国の行政組織法体系の歴史における画期的な変革であった」と言わなければならない。[65] 行政官庁法の成立は第九二回帝国議会のことであったが、その施行は日本国憲法と同じである。

ただし、法律によって行政組織編制のどこまでを決定するかは別問題である。行政官庁法はこのことについて明確な規定を設けていなかった。「総理庁、各省及び内閣官房には、法律又は政令の定めるところにより、所要の部局及び機関を置く」と定めるにすぎなかった。帝国議会での法案審議においても、この点については何ら議論されていない。行政調査部に身をおいていた佐藤功が推察するように、「この法律が一年限りの暫定法であって、この問題も将来の恒久的な法律に委ねるという考え方であった」のかもしれない。[66] ほかにも理由が考えられる。同氏の推察によれば、それ以前の憲法議会（第八九回帝国議会）において、まさにその問題が取り上げられていたことが影響していたとも考えられる。

貴族院の憲法改正案特別委員会において、官制のすべてが法律になるのかとの問いが発せられたのにたいして、国務大臣の金森徳次郎はつぎのように述べている。

> 国家ノ各官庁ノ組立ト云フモノニ於キマシテ、国民トノ間ノ意思作用ヲ起シテ来ル部門、例ヘバ国ヲ代表シテ国民ニ立チ向フト云フヤウナ部分ハ、是ハ直チニ国民ノ権利義務ヲ動カスモノデアリマスカラシテ、是ハドウモ従来ノ官制大権ト云フモノトハ違ツタ法律ヲ以テ定ムルノガ正当デハナイカ……斯様ナ国民生活ニ基本的ナ関係ヲ以ツテ来ル官府ノ組立ト云フモノハ法律ヲ以テ

定ムルコトガ正当デアラウト考ヘマシタ。併シ総テノコトヲ法律デ決メナケレバナラナイカト云フコトニナリマスト、是ハ自ラ別デアリマシテ、例ヘバ官庁ノ内部ノ組織ニ於キマシテ細カイ内部組織ノ区別ヲ立テル、課ヲ幾ツ置クカ、其ノ課ノ内部的ナ担任事項ヲドウスルカト云フヤウナコトハ国民ニハ実ハ関係ガアリマセヌ、国民ハ官庁全体ヲ相手ニシテ居リマスルガ故ニ左様ナ部分ニ付キマシテハ是ハ固ヨリ命令ヲ以テ然ル可ク決メ得ルト考ヘテ居リマス(67)

同じ問題が国家行政組織法の制定過程でも再燃する。第二回国会でようやく提出された同法案における各省内部部局の定め方については、部以上の内部部局の設置およびその所掌事務の範囲を定めるには法律を要せず政令で足りるとしていた。それはGHQ民政局の勧告にそったものであり、「特に内部部局については立法部の制約を排除して行政部の自由を広く認めるべきであり、そして基準法たるこの法律の意味はそこにあるとすべきである」という考え方に立っていた(68)。

しかし、内部部局の編制についてそれを政令事項とするこの方針は実現するにいたらなかった。法案で政令事項とされていた内部部局のうち官房・局・部の設置および所掌事務について、それを法律事項と改める国会修正がくわえられたためである。国会修正の中心的舞台となったのは、法案審査を付託された参議院決算委員会である。なぜ、そのような修正がくわえられたのだろうか。ひとつの理由は、前年の第一回国会における労働省設置法案の参議院審議にあった。そこにおいてすでに政府原案が修正され、内部部局の設置および所掌事務は法律によるべきことが確定していたはずなのに、それをＧＨＱの勧告があったとはいえ、なぜ先例を無視してまで方針変更をしなければならないのか、「国権の最高機関」たる国会の意思を軽んずるものではないのか、といった受けとめ方が国家行政組織法案の審議において強く作用したのである。労働省設置法案の国会審議にさいしては、衆議院でまったくそのことが問題とされず、参議院の委員会における議員動議により修正案が全会一致で可決となり、これにたいして衆議院が再議決や両院協議の手続きをとることなく同意したため、参議院とすれば意気軒昂たる思いがあったのであろう。その修正について、「新憲法の精神に基く国会至上主義というものがここで確立されたのでありまして、この点はとにかく第一回国会におきまする画期的の処置であったというように、この委員会が自負してよいであろうと思うのであります(69)」と決算委員長が述べているところにもそのことがうかがえる。

ともかく、こうして、わが国に特徴的な行政組織編制の決定における厳格な法定主義がその後しばらく定着することになった。その法定主義は、各省の内部部局のみならず、審議会・試験所その他の機関の設置および職員の定員についてもおよぶことになったから、影響するところが大きかった。国会の議決なしにはほとんど行政組織編制を決められない結果になったのである。個別の作用法令を所管する局部課の背後には当該法令の改正によって影響をこうむる業界団体が存在し、それらの業界団体と結びついた議員集団が存在する。そうなると、審議会の設置ひとつ、職員定員ひとりの増減をとっても、いちいち政権政党の各議員集団の同意を事前に取りつけておかなければならなくなる。はたして、それが望ましいことなのかどうか。

高度成長のまっただなかに設置された第一次臨時行政調査会でも、この問題が取り上げられ、その答申にもとづき内部部局の編制の決定を政令事項とする国家行政組織法改正案が国会に提出された。ところが、一九七一年の第六五回国会を皮切りに、七二年の第六八回国会、そして七三年の第七一回国会と、三回にわたって実質審議に入れず、ついに廃案になってしまった。こうなると、行政組織の硬直化は免れがたい。しかし、まったくのお手上げというわけではない。同じ佐藤栄作内閣のもとで少し前の六八年におこなわれた「一省庁一局削減」がその例であり、それ以降、行政機構の新設にさいして、いわゆる「スクラップ・アンド・ビルド」方式が徹底されることになった。内部部局を構成する局・部の総数抑制が図られ、新しい行政ニーズに対応して部局を新設する場合には既設の部局をスクラップすることが求められるようになったのである。総理府ほか一七省庁に一律適用となったこの「一省庁一局削減」は、同時期に国会提案になり、一年遅れて翌六九年に成立したいわゆる「総定員法」(行政機関の職員の定員に関する法律)による「総定員規制方式」とともに、各省分立体制のもとでの中枢管理方式として注目に値する。組織機構の管理は局・部の総数を抑えたスクラップ・アンド・ビルドで、自衛隊員と現業職員を除く「非現業職員」の定員管理は総定員法で、という軌を一にした両面作戦である。

しかし、同一の着想による機構・定員管理方式であるにもかかわらず、一方は根拠法が存在するのに他方はそうではない。すなわち、総定員法の成立により、各省別の定員は法定数の範囲内で政令で定めることになったが、省庁組織の内部編制を政令事項とする国家行政組織法改正案となると、なぜか回を重ねても実現するにいたらない。国会内ではいわば門前払いの扱いである。総定員法にかんしては、累次の定員削減計画と連動することにより、「いまどきの国家で、役人の数を抑え、減らすといったことに成功した例は、日本がはじめてらしいから、その点で佐藤首相はノーベル平和賞のみならずノーベル行政賞（そんなものはまだないけれども）をもらってよかった」[70]などと評されることもあったけれど、いかに横並びの一律方式とはいえ、やすやすと「一省庁一局削減」をくりかえすわけにはいかない。

第一次臨調答申にもとづく七〇年代の企てにつづいたのが、第二次臨時行政調査会による行政改革であった。一九八二年七月の基本答申をうけて、その立法措置を講ずるために翌年秋に開会された第一〇〇回国会（行革臨時国会）において、ようやく省庁組織の内部部局編制を政令事項とする国家行政組織法改正が可決成立する運びとなった。敗戦直後の国家行政組織法制定から数えて三五年、第一次臨調後の同法改正法案が三度目の廃案になってからちょうど一〇年の歳月が流れていた。

第二次臨調の成果とされるこの国家行政組織法の改正については、所管庁（行政管理庁）の実務担当者としてかかわった増島俊之による考察「行政改革の手続き」がある。その手続きの中で最重要だったのは「政府・与党の行革に対するコミット」であり、それにくわえて第一次臨調が理論・筋道の提示を重視したのにたいして実行可能性を重視したこと、さらに「答申を最大限尊重し、逐次成案を得て実施に移す」という基本方針を決定してそれを実行したことなどが成功の理由として挙げられている。[71]どれも説得的であるが、増島の見るところによれば、第一次臨調と第二次臨調とでは、その手続きが格段と違っていたらしい。後年、大学教員に転身した増島は、臨調行革時に総理大臣だった中曾根康弘を大学院の授業にゲストとして招き、中曾根がしばしば「行政改革の工程管理表」の必要性を説いたことについて、その発想の由来を尋ねている。「仕組みとか、それからやり方自体についてては、役人主導であったらまた前と同じ轍を踏むことになりかねない。そこで今回は政治家主導、あるいは党主導でしなければならない。しかし、党主導といっても、党は族議員が多く、それはなかなか難しい。結局、政治主導、官邸主導でするしかありません。官邸主導でするには、今までのものは駄目であるから工程管理表をつくりなさいと、そういうことを言ったわけです[72]」。これが中曾根による説明の一部である。

それにしても、行政組織規制の弾力化のために費やした時間とエネルギーは膨大であった。戦前であれば考えられないことである。村松が「戦前戦後連続論」にたいして「戦前戦後断絶論」を提示したことは、そのかぎりにおいてまちがっていないようにも見える。しかし、それが戦後の「議会主義にもとづく政治過程」の成熟によるものであるかどうか、その判断の当否は別である。

見てきたように、第二回国会における国家行政組織法の制定過程において、GHQの意向に逆らって厳格な法定主義がとられたのは、「新憲法の精神に基く国会至上主義」のせいであった。政府案の修正は参議院決算委員会の動議によるものであったが、衆議院決算委員会でも政府案にたいする批判があった。その先頭に立った一人が三〇歳を前に初当選を果たし、時の吉田内閣に真っ向から反対の論陣を張った中曾根康弘その人である。「憲法によって議院内閣制というものが保障されておりまするが、これは要するに政党が責任政治をやって、国民の世論を政策に浸透さしていく、こういう精神であろうと思います。それを実際浸透さしていく管は何であるかというと、行政組織であります。その行政組織が憲法の精神に合うような組織でなければならないと考えます。その観点から見ますと、この前制定された国家公務員法、あるいはこのたびの国家行政組織法というものは、多分に旧憲法的なにおいがあり過ぎる。むしろ旧憲法よりももっと官僚的な色彩が強いと私は考えるのであります(73)」。このような調子であった。

ところが、時代が変わり立場が変われば、考えも変わらざるをえないということであろうか。国家行政組織法改正がおこなわれた第一〇〇回国会の本会議において、そのことを正面からただした議員がいた。学者(九州大学法学部教授)出身の社会党議員嶋崎譲である。「総理は、第二回国会の国家行政組織法案の審査の際、行政組織の内部部局の設置を政令事項にしていることに対し、これを政令で決めれば国会は関与できなくなり、政党政治が行政官庁にとって無用となること、ややもすれば肥大化する傾向のある行政機構をチェックし、簡素化するためにも法律事項とすべきであると、かつて主張されております。今回提出の法案とは正反対であります。どちらが総理の本心なのか、時によって信念が変わるのですか、お答えください(74)」。こういう次第である。

これにたいし中曾根総理はどのように答えたのか。右の質問部分にたいする総理答弁はつぎのようであった。

現行の国家行政組織法が制定されましたときの私の所見について御質問をいただきましたが、確かに昭和二十三年の国家行政組織法制定当時におきまして、私はその原案を批判をいたしまして、そしてできるだけ国民代表である国会が関与する方向に修正したことは御指摘のとおりでございます。

これは戦前におきましては、官制大権のもとにほとんど行政機構、定員等は勅令で決めまして、国会が関与することはなかったのでございます。その弊害が相当ひどい情勢でもあり、民主主義のたてまえからいたしましても、その行き過ぎた弊害を是正するという意味におきまして修正をしたのでございます。

しかし、今日、戦後四十年近くたちまして、議院内閣制の成熟度あるいは政党政治の確立あるいは民主的統制の確立あるいは行政管理制度の充実等々がかなり浸透してまいりまして、環境の変化が非常に大きくなってまいりました。その上に、行政機構は肥大化し、行政運営は固定化し、官僚がややもすれば既得権にすがるという情勢になりまして、この時代に対応する機動力、対応力、それらを必要とする時代になってきておるのであります。(75)

さて、どうであろうか。戦後の政治過程をとりまく「環境の変化」は、戦前から戦後への展開にもおとらず大きなものがあった。だが、「官僚がややもすれば既得権にすがるという情勢」は、戦前も戦後も変わるところがない。それどころか、既得権にすがる人々は官僚機構の外側でも増加する一方であり、そのことがますます「行政運営の固定化」を招くようになっていた。皮肉なことではあるが、「特に内部部局については立法部の制約を排除して行政部の自由を広く認めるべきである」とするGHQの方針が従前にもまして当てはまるようになってきていたのである。右に確認したとおり、かつて率先してその方針に反対した当の人物が、時を経て、総理大臣として行政組織規制の弾力化を成し遂げなければならなかったというエピソードは、そうした歴史の皮肉を雄弁に物語っている。

行政組織編制の法定主義をめぐる展開を追いながら、いっきょに八〇年代にまでおよんでしまったが、それは、戦前と戦後の「断絶」を表現する法定主義がたどった経緯を概観することで、その「断絶」がもつ意義を再確認しておきたいという意図にもとづいている。議院内閣制下の国家行政組織法制にとってみれば、八〇年代にいたってなお「戦後」は終わっていなかったということなのである。

Ⅱ章 セクショナリズムの政治過程

1 セクショナリズムの観察と診断

官僚制の病理現象として指摘される諸特性のうち、その組織構造に直接由来する現象の最たるものがセクショナリズムである。日本の行政官僚制が、他国とくらべて、その点でことのほか際立っているのかどうかについては、あらためて実証的に確かめてみる必要を感ずるが、専門文献から時事的評論にいたるまで、ことに中央省庁間におけるセクショナリズムの根強さや弊害を論じたものは枚挙にいとまがない。

参考までに、戦後とはいえ、かなり以前のものであるが、時期を隔てて出版された二冊の書物を取り上げよう。一冊は講和条約発効によりわが国が条件つきの独立をはたした直後のもの、他の一冊は高度経済成長による繁栄のかげで公害問題が深刻化したころのものである(1)。

官僚の世界の内幕を描いた書物のなかで、今や知る人ぞ知る存在となった今井一男『官僚——その生態と内幕』（一九五三年）にはつぎのような一節がある。「国民の側からみれば、お役所はすべて一つ、といった感じである。そこに何省もなければ、いわんや何局もない。お役所同士、あるいはお役所内部における、複雑極まる縄張りの実情がどうであるか、それがいかに神聖にして侵すべからざるものであるか、等については、いものにえたのと同様、全然ご存じあるはずがない[2]」と。はたしてどうであろうか。「お役所はすべて一つ」といったとらえ方がいぜんとして残存していることは認められるにしても、今日ではもはやさほど支配的とも思われない。新聞・雑誌を通じて、あるいは、役所の窓口での「たらいまわし」の経験を通じて、人々は役所のなかの縄張り争いの実情をかなりの程度まで知るようになったのではないだろうか。

しかしまた、引用文のたとえにならって、特定の問題にかんして関係省庁がそれぞれ打ち出す政策（案）を芋にたとえるなら、倉庫に放置されていた麻袋から転がし出された雑多な芋が、関係省庁の内部もしくは相互のせめぎあいの過程で、どんな桶のなかでゴシゴシ洗われ、法案化される段階になって特定の鍋に放り込まれてから、どれほど互にぶつかりあいながら浮き沈みをし、さらに与野党間の折衝や法制局の審査を経て、どの芋が政策選択の菜箸でどんな皿に盛りつけられるにいたるのか、その一連の過程をつぶさに見まもり、あれこれ穿さくする趣味や余裕を持ちあわせている国民は、今でもさほど多くはないであろう。盛りつけられた芋の煮付けを前にして、いちいち産地から食卓にいたる経路をたどるひまなど、普通ならありえないからである。

もう一冊、それからしばらくして出版され、役所の通弊や役人特有の行動様式をビビッドに描き出した書物として評判になった『お役人操縦法』(一九七一年)のなかから、セクショナリズムにかんする興味ある記述を引いておくことにしよう。それは、若手特権官僚における「愛省精神」の強さを述べたくだりの一節である。すなわち、「彼ら〔特権官僚〕の判断のなかには、ビジネスマンが申請してきたことが、過去の法理論に合っているかということに加えて、そのことが自分の省にどれだけ有利かという基準が加わる。だから彼らは、いかにそれが理屈にかなっており、法律で認められていることであっても、自分の役所の権威にかかわったり、権限を削減するおそれがあるとみたら、決してウンとはいわない。そしてそのためには法律を曲げ、国家の利益を損ね、ときには自分の地位を危くしても顧みないのだ。……だがこれは逆にいうと、ビジネスマンにとって大いに利用できる点でもある。なぜならビジネスマンの側が通そうとする申請が、その官庁の権威を高めると思えるなら、特権官僚たちは身を賭して援助してくれるからである(3)」。

このように、役人たちにとっては、自らが忠誠対象とする役所の権威や権限が「絶対最高の判断基準」であることを事例をまじえながら解説したあとで、親切にも、対役所戦略の手ほどきがなされる。「ところで、これらの若手官僚たちに自分の会社の申請がその官庁のためになる、つまり権限をふやし、権威を高めると思わせるにはどうすればよいか。最もよいのは、『その要求や申請を認めることが他省との権限争いで、自分の省を有利にする』と思わせることである」。そのためには、「お百度百遍、おじぎ千回」をしてでも、いたずらに相手を敵にまわすことなく、少なくとも「明日は味方にな

る男」として遇する必要がある、というわけである。(4)

第一次・第二次臨調の診断

右の『官僚』と『お役人操縦法』とでは約二〇年の年月がたっている。ちなみに、序章および第Ｉ章で取り上げたセクショナリズム研究の古典、辻清明『日本官僚制の研究』の旧版（初版）が出版されたのが『官僚』出版の前年（一九五二年）であり、国際的に有名になった稟議制にかんする論文を収録した新版が登場したのが『お役人操縦法』出版の二年前（一九六九年）のことであった。それぞれの論調は大きく異なるものの、本書でいう官庁セクショナリズムの問題は、学界でも一般社会でも、共通の関心事だったのである。

ともかく、時期を隔てた二冊の書物のほぼ中間期に、ひところ「行政改革のバイブル」とまで称せられた第一次臨時行政調査会答申がまとめられている。わが国が高度経済成長のまっただなかにあった東京オリンピック開催の年（一九六四年）のことである。そこでは当然ながら、行政のセクショナリズムの打破が最重要課題のひとつに取り上げられ、以後のこの問題にかんする論議を方向づけることになった。それからさらに二〇年後の第二次臨時行政調査会答申（基本答申一九八二年、最終答申一九八四年）と比較しても、この問題にたいする取り組み方は本格的であり、その診断も、当時の時代風潮からくる制約を越えて、問題の正鵠を射たものとして一般に受けとめられることになった。あらためて、その診断の要点をここで確認しておくことにしよう。

まず、最終答申の総論部分では、冒頭において「総合調整の必要とその強化」が謳われ、その理由のひとつとして、各省庁間の割拠主義的傾向が挙げられている。すなわち、「現行憲法の下では……内閣の統一性を保持しやすいような制度になっているにもかかわらず、旧制度以来長い伝統のために、各省庁間の割拠性は解消されないままに存在している。そのうえ行政における割拠主義は、各省庁相互間のみでなく、各省庁内部においても存在する。今日のように、行政事務が専門的に分担されている時代においては重要な施策は、ほとんど単独の組織で決定すべきものではなく、各専門分野が相互に協力することが必要である。それにもかかわらず、部局相互間の協力、調整が不十分なために、その結果、行政における統一性の保持を阻害し、いわゆる共管競合事務の合理的処理に支障をきたしているのみでなく、各省庁ないしその内部の割拠主義のために、地方における総合行政の主体である地方公共団体にまでその割拠性が反映して国、地方を通ずる一体的な秩序が行なわれ難い結果となっている」[(5)]と。

この記述をうけて、各論部分に配置された内閣機能、中央省庁、共管競合事務、行政事務の配分等にかんする改革意見において、くりかえし割拠主義やセクショナリズムの弊害に言及されているが、右の一節と同じく、内閣レベルでの行政の統一性を阻害する原因について述べた部分から、問題の広がりを理解するうえで参考となる箇所を引用しておくことにしよう。統一性の阻害原因の第一に挙げられるのは、国務大臣・行政長官兼任制であり、第二に与党と行政府の関係、そして第三に行政部内の割拠性が挙げられる。ここでは第二、第三の原因が関連する。

第二の点については、「本来、議院内閣制のもとでは、与党の意向が内閣の政策に反映すべきものであることは当然である。しかし、行政の責任は内閣にあるのであるから、与党の政策は、与党内で調整されたものが内閣の政策決定に反映されるべきものである。しかし現実には、内閣に要請される与党の政策は、必ずしも与党内で十分に調整されたものとは限らず、またこれらの政策の行政府に対する要請もすべて内閣を通じてのみ行なわれているわけではなく、与党の政務調査会、その部会等がしばしば直接各府省に接触している実情であり、これが内閣の調整をますます困難なものにしている」(6)とする。

つづいて、第三の点についてはつぎのようにいう。「国の行政は各省によって分掌され、事務の配分はいわゆる縦割り方式になっている。ところが縦割り行政に対する総合調整の体制が未だ十分整備されておらず、これに加うるに公務員が本来もっている権限意識がからんで、行政の割拠性といわれる弊害を生ぜしめるにいたっている。また、各省の人事運営はそれぞれの省内かぎりにとどまり、各省間の管理職クラスの人事交流はほとんど行なわれていないために、行政の割拠性は一向に改善される傾向にはない。また、これら行政の割拠性は、関連業界、関連団体、その他行政に利害関係のある社会層等の相互の利害対立によって、一層拍車がかけられている」(7)。

いずれも、もっともな指摘ばかりである。第二次臨調と異なって「直接政治や政策にかかわることについては、原則的にふれない」(8)との立場をとった第一次臨調においても、事柄の性質上、おのずと与党や利益団体との関係にまでおよばざるをえなかったのである。セクショナリズムが省庁間のみならず、省庁の内部部局相互間にも浸透していること、それが自民党長期政権のもとで、与党の政調会各部会および関連業界団体との相互の結びつきにより増幅されていること、そして、そうした中央省庁におけるセクショナリズムが、中央・地方を貫く「縦割り行政」の硬直化を助長し、地方自治体を巻き込んで拡大再生産されていること、これらの諸点はどれも、中央省庁のセクショナリズムについて考察するうえで欠かせない論点、もしくは問題の所在を示している。年月を隔ててなお第一次臨調答申が高い評価をかちえたのもゆえなきことではない。

中央省庁におけるセクショナリズムのとらえ方として、こうした視野の広がりが必要であることについては、今日でも多くが一致しているように思われる。セクショナリズムの政治過程を考察するうえで欠かせない視角である。そのことを踏まえてのことであるが、右の第一次臨調答申に見られるような、縦割り行政から生まれるセクショナリズムの弊害を強調する見方にたいして、二〇年後の第二次臨調では、それとはやや異なる評価が提示されていることも知っておいてよいであろう。

第二次臨調の設置は、七〇年代の二度にわたる石油ショックを経てからのことであり、第一次臨調のときとは時代背景がまったく異なっている。序章において、少ないリソースを最大動員するうえで効果的に作動してきた「省庁中心システム」が、西欧に追いつくという目標の達成後になって逆機能的に働くようになったとする村松岐夫の基本的な仮説に論評をくわえたが、行政官僚制をとりまく経済社会的環境の変化をいうならば、七〇年代におけるそれも決して小さい変化ではなかった。ところが興味あることに、その七〇年代を経過してまもなく設置された第二次臨調では、村松のいう「省庁中心システム」にかんして、それを正当化するつぎのような指摘がおこなわれていた。

引用は、最終報告を前にして「行政組織及び基本的行政制度の在り方」を担当した第二部会の報告からである。「高度産業社会においては、行政需要は複雑多岐にわたり、行政運営に当たって専門性の要請される度合いは高い。したがって、各省庁による行政の機能分担（いわゆる「タテ割り」行政）は不可避である。また、各省庁がそれぞれの行政責任の遂行に使命感を燃やし、その成果を競い合うことは、行政の活力を高め行政に対する国民の多様な要望にこたえ、信頼性を確保する上で、望ましいことである(9)」。

村松が『日本の行政』において、「省庁セクショナリズムとは、単に省庁間の無意味な対立だけを意味するのではなく、活力ある対立状態を含んでいる」と記していたことを想起されたい。急いで付けくわえなければならないが、第二次臨調第二部会も、「省庁間の無意味な対立」まで正当化しようというのではない。右の一節も「総合調整機能の強化」を論ずる文脈でのことであって、省庁間競争が「縄張り争い」に堕さないかぎりでの一般論として提示された見解である。また、この第二部会報告はそのまま最終答申とされるにはいたらなかった。同趣旨の見解は「一般公務員制の在り方」について論じた文脈でもややトーンを弱めてくりかえされ、結局最終答申では、トーンを弱めた後者の表現が生かされることになり、「各省庁による行政の機能分担を前提としつつも、セクショナリズムの弊害を人事管理面から打破していくことが重要である(10)」と結ばれることとなった。

臨調答申にみられるセクショナリズム診断については、第Ⅲ章であらためて取り上げることにしよう。

もうひとつの「官僚政治」

わが国の中央省庁におけるセクショナリズムは、明治期以来の歴史過程に根ざすものであって、敗戦を契機とする憲法体制の転換にもかかわらず「官庁セクショナリズム」として存続している。これが前章第2節で示した基本的なとらえ方であるが、政治過程におけるその展開は、さきにみた第一次臨調の診断が出たころから、いわゆる政・官・業の三つどもえによる周知の「鉄のトライアングル」に従ってとらえられることがしだいに多くなった。それは現実の政治過程に見られた変化の反映でもあるが、それと同時にアメリカ政治学等の強い影響を受けた結果でもあった。

後者を念頭において思いきって単純化するならば、「生まれながらの行政国家」たるわが国の政治的支配の構造が行政官僚制を主軸として成り立っていることについては大方の異論がなく、その意味でわが国は「官僚政治」の国とする見解が六〇年代まではいぜんとして通説的地位を占めていたと言えるであろう。しかしながら、その権力構造を中央政府レベルでとらえるにあたっては、主としてC・W・ミルズのパワーエリート・モデルによって、当初は、官僚・自民党・財界の三位一体説で説明することがしだいに多くなり、やがてそれにたいして七〇年代後半からは、多元主義モデルの有効性を主張する立場が徐々に勢いをつけ、各政策分野ごと、あるいはイシュー・エリアごとのサブガバメント・レベルで成立する族議員・関係省庁・関係利益団体相互間での、より複雑な関係を解明しようとする実証的研究がつづくようになったと概括することができるであろう。

ところで、パワーエリート・モデルから多元主義モデルへと、学界で有力視された分析モデルがシフトしていく過程で、従前とは異なるもうひとつの「官僚政治」モデルが提示されることになった。これが、すでに二度ほどふれる機会があったG・T・アリソンの政策決定モデルにおける第三モデル、「官僚政治（bureaucratic politics）」のモデルにほかならない。このアリソン・モデルの「官僚政治」について、わが国では一般に「政府内政治」の呼称が与えられる。その直接的理由は、アリソン自身がそれを"governmental politics"とも表現しているからであるが、そのことにくわえて、わが国で「官僚政治」といえば、行政官僚制が政治的支配の主軸をなす政治体制のことを指すものとする往年の理解がいまなお一定の影響力をもっていることへの配慮があるからであろう。

一九七〇年代初頭におけるアリソンの業績が最も大きなインパクトを与えたのは、いうまでもなく外交政策決定研究の分野であった。しかしながら、それがおよぼす影響はそこにとどまらない。そのことは、大嶽秀夫が現代政治学叢書の『政策過程』（一九九〇年）において「イシュー・アプローチ」の考察をおこなったさい、アリソンの業績に代表される官僚政治モデルの検討にかなりのページを割いているところにもうかがわれる。[11] そこにおける官僚政治モデルの登場、その方法論的特徴と構造、同モデルの現実政治的効用にかんする彼の考察は、広く政治学の方法論的検討を踏まえたものであり、私たちが政策過程の研究をすすめるうえで少なからぬ示唆を与えてくれる。アリソン自身による画期的業績『決定の本質』にかんしては、学界にたいする大きな影響と同時に厳しい批判と論争を呼ぶことになり、官僚政治モデルについても、後続世代の研究者からは「このモデルは常識以外の何ものでもなく、何ら理論的に新しいものを含んでいないと酷評される」[12]ほどであったが、少なくともわが国の政策過程の研究にとってみれば、第一モデル（合理的行為者モデル）、第二モデル（組織過程モデル）とともに、その自覚的適用がもっとはかられてしかるべきであったように思われる。わけても、行政官僚制におけるセクショナリズムの分析にそれを適用する試みがあってしかるべきであった。

官僚政治モデルの当初の見方によれば、政府政策の作成者は「大きな組織と政治的役職者のコングロマリット」であって、それらの組織や役職者はなんらかの特定の問題にかんして政府が何をなすべきかについてかなり意見を異にし、政府の決定と行動にかんして影響を与えようと競いあっているのが通例である。したがって、官僚政治モデルでは、合理的行為者モデルの場合と対照的に、単一の決定主体の選択行動ではなく、特定の問題にかんして異なった立場から政策決定に関与する複数のプレーヤー間の「引っ張り合い（pulling and hauling）」に注目する。[13]一種のゲーム的状況における交渉過程が焦点であり、政府の決定と行動はそこから派生する結果である。

官僚政治モデルは、もともと政府の対外政策決定が官僚制機構の拘束を強く受けていることへの認識から出発したものであるから、プレーヤー間で演じられる交渉ゲームというのも、政治過程一般のそれではなく、官僚制の組織空間で織りなされる政治力学が中心である。その官僚政治に参画する「大きな組織」とは、現在のわが国の場合を念頭におけば、まずは各省庁および内閣府であり、「政治的役職者」としては、各省大臣や他の政治的任命職、総理大臣、官房長官、そして与党の主要な役職者などがくわわることになる。プレーヤー間の「引っ張り合い」も単なる相互作用というのではない。官僚政治に特徴的であるのは、各プレーヤーの主張が彼らの「組織上の地位（organizational position）」に強く依拠しており、端的にいえば、「地位が立場を左右する（Where you stand depends on wehre you sit.）」というテーゼが該当することである。(14)

組織上の地位がものをいうことの反映として、特定のイシューにたいするプレーヤーの立場を決定する諸要因のなかでも、彼もしくは彼女が所属する「組織の利益」が決定的である。それ以外に国益や公共利益、国内政治上の利益、個人的利益も影響をおよぼすが、それらも組織利益と無関係ではなく、組織利益をパラメータとして作用する。将来にむけた自己の組織の影響力の維持・拡大、組織のレーゾンデートルであるミッションの実現、そのために必要な組織能力の確保を媒介として、それら諸利益の実現をはかると考えられるからである。そのために所属組織の自律性を高め、組織成員のモラールの維持につとめる。そして、当該組織のミッションを擁護することにエネルギーをそそぐだけでなく、その拡張をめざし、予算をはじめとする必要資源の増大を求めることになる。

しかしまた、官僚政治をいろどる組織紛争においては、それが官僚制の組織空間を中心として織りなされるがゆえに、一定の制約が存在する。これはアリソンとともに官僚政治モデルの構築にあたったM・H・ハルパリンが強調した点であるが、自己の主張を他のプレーヤーに受け入れさせることが主眼であるから、そこでは説得力のある議論（argument）の組み立てがとくに重視される。内向きの議論だけでなく、相手側を説得して、偏狭な見方にとらわれずに他の組織利益にたいする配慮も必要であることを分からせるために、ときには「より広い問題について時間をかけて真剣に考慮するようにする」ことを求めたりもする。また、主張すべきときに主張しないと、それだけで不利な立場に追いやられることになり、「ためらう者はその時点でゲームに参加する機会を失うし、明確な勧告をもたない者は、それをもっている者に負ける」といった「ゲームの法則」が適用されることになる。[15]それに、今日の敵は明日の味方になることもあるし、異なるイシューにかんして相互にどのような組織上の地位を占めることになるのかについて確たる予測を立てられないから、相手側への攻撃にもブレーキがかかる。アメリカの国務省関連の省庁間委員会について指摘されるように、行政機関相互での闘争は「相手を打ちのめす闘いではなく、優越した地位をめぐる闘い」[16]であって、同じ官僚制の組織空間を共にする同士として基本的な「価値とイメージ」を共有しあう部分もある。その意味では、「官僚政治をかきたてるプレイヤー相互間での意見の相違の根底には、基本的な諸価値と事実に関する共通の前提が基盤として存在する」[17]のである。

組織上の地位を異にする機関相互間での共同決定のメカニズムにかんしては、官僚政治モデルを離れて、のちにあらためて取り上げることにする。

アリソン・モデルの適用例

外交政策決定研究の分野をはじめとして、わが国の研究者によるアリソン・モデルへの論及はめずらしくなかったし、また日本の事例への適用の試みがまったくなかったわけではない。戦後まもなくの国家公務員法制定・改正過程の分析にアリソン・モデルをストレートに適用した研究もある。遠藤宣男「官僚制改革に関する政策決定過程の研究」(一九八〇―八一年)がそれである。[18] 一九四七年一〇月、片山内閣において制定された国家公務員法が、わずか一年も経過しない四八年七月、芦田内閣において改正に着手され、同年一一月末、第二次吉田内閣のもとで改正法が成立したいきさつはよく知られているところであり、第I章第2節で総理府への大蔵省主計局移管構想を取り上げたさい、GHQ内部での民政局(GS)と経済科学局(ESS)との対立に関連してそのことに簡単にふれた。右の遠藤論文は、GHQが招聘した「対日合衆国人事行政顧問団」の団長B・フーバーが中心となって作成した国家公務員法草案(通称フーバー草案)の「骨抜き」と復活について、アリソン・モデルを使って解明しようとしたものである。

総理府への主計局移管をめぐるGSとESS、行政調査部と大蔵省の対立などは、「縄張り争い」の典型例であるが、同様な対立は国家公務員法の制定・改正過程でもみられた。確認のため、その「縄張り争い」にかんするアリソン・モデルでの一般的命題をみておくことにしよう。それは、第三モデル(官僚政治モデル)ではなしに第二モデル(組織過程モデル)のなかで、つぎのように定式化されている。

一般的命題F:縄張り争い(Imperialism)――ほとんどの組織は、予算、定員、領域の拡大の面から「保全」(health)という中心的目標を規定する。それで、境界があいまいで変化してい

る地域に発生する問題、あるいは、新しい領域をなす問題については、植民地化活動が活発になる。(19)

戦前からの官吏制度の民主化にともなう政府職員の人事問題は、労働問題であると同時に政治問題でもあり、命題にいう「境界があいまいで変化している地域に発生する問題」の一例である。フーバー顧問団の解散を前にGS内に新設されたばかりの公務員制度課が、労働問題を所管するESS労働課の管轄領域に割りこむ動きとなり、そこに縄張り争いが発生することになった。GSの領域拡張策にたいしてESSが応戦し、双方の攻防を経て、いったんは政治的妥協が成立した。すなわち、フーバー草案には、強力な中央人事機関(人事院)の設置とともに公務員の労働基本権の制限規定が盛りこまれていたのだが、ESS側は労働基本権制限にたいして反対の意思を表明したものの、結局は、団結権とストライキの禁止にかんする規定を空白のままとすることで妥協し、法案の国会提出を優先させたGSの方針を了承したのである(一九四七年八月)。

しかし、それで決着がついたわけではない。フーバー草案にふくまれていたもうひとつの重要政策——強力な中央人事機関の設置——に修正をくわえたのはESS労働課ではなかった。主として日本政府側の働きかけによるものである。こうして、フーバー草案の二つの重要政策に大幅な修正を施した国家公務員法案は、GSとESSとの妥協成立後二ヵ月で(一九四七年一〇月)可決成立したのだが、休暇があけて再来日したフーバーにとってみれば、この措置は許せるものではなかった。まさしくフーバー草案の「骨抜き」にほかならなかったからである。

GS側の巻き返しが開始されるまで、たいした時日の経過を要しなかった。フーバーに率いられた公務員制度課は、国家公務員法の全規定が施行される期日（一九四八年七月一日）を目途として臨時人事委員会にたいする指導を徹底する一方、労働法制から政府職員を除外する当初の基本線に沿ってESS労働課との交渉を再開した。この過程においてGHQの重大な政策変更があった。しかも、それが衝撃的な形で日本政府側に伝えられることになった。「マッカーサー書簡」（七月二二日）によって、公務員のストライキの禁止、団体交渉権の否認などを内容とする国家公務員法の全面的改正方針が明らかにされたのである。それをうけた「政令二〇一号」の公布・施行が七月末日である。

そして、マッカーサー書簡を追いかけるようにしてGHQから国家公務員法の改正案が提示された。それは、前年の国家公務員法制定過程で「骨抜き」にされた二つの重要政策――強力な中央人事機関の設置と公務員の労働基本権の制限――をともに復活させたものであり、フーバーを中心とするGS側の巻き返しが成功したことを如実に物語っていた。その改正国家公務員法の成立は、マッカーサー書簡からわずか四ヵ月後（一一月三〇日）のことであり、それから一週間ほどで人事院の発足をみることになった。[20]

見られるとおり、GHQにおける公務員労働運動にかんする政策展開が、GSとESSとの縄張り争いによってある程度まで説明できることはたしかである。しかし、それによって日本政府の対応をふくめた当時の公務員労働政策の展開のすべてを説明できないこともまた明らかである。アリソンの縄張り争いにかんするさきの一般的命題と照合してみれば分かるように、その具体的戦術としての「植民地化活動」についてはもとより、GS公務員制度課とESS労働課双方の組織保全策はほとんど不明なままである。そして、フーバーのアメリカ帰国中にGHQがなぜ「骨抜き」を承認したのか、またフーバーの再来日後、なぜ復活を決意するにいたったのか、そのことも判然としない。

アリソン・モデルとの関連でいえば、何よりも、縄張り争いにかんする一般的命題が、官僚政治モデルではなく組織過程モデルの命題として定式化されていることに注意が必要である。縄張り争いの発生のみならず、セクショナリズム現象にかんして組織過程モデルを適用する余地はほかにもある。たとえば、公務員制度課の巻き返しは、ESS労働課にたいしてだけでなく、当初の国家公務員法制定にあたっていったんは「骨抜き」を了承したGSおよびGHQ自体にたいする一種の異議申し立てでもあったが、これなどは、上位の組織目標と下位の組織目標とのトレードオフ関係を組み入れることにより、下位目標が上位目標をくつがえした事例として説明することも可能である。

このことが示すように、アリソン・モデルの適用といっても、官僚政治モデルだけを他のモデルから切り離して、特定の事象にかんする一般的命題を具体的事例に直接当てはめるだけでは、何ほどのことも明らかにしえない。さきに概説したとおり、官僚政治モデルが注目するのは、特定の問題にかんして異なった立場から政策決定に関与する複数のプレーヤー間の「引っ張り合い」であり、そこから意図せざる派生的結果が生まれることであるが、そのことに直接かかわる一般的命題といえば、つぎのようなものであるにすぎない。

一般的命題Ｂ：行為と意図（Action and Intention）――政府の行為は政府にその意図があったということを意味するものではない。ある問題に関連する政府代表の行動の総体が、ある個人またはグループの意図したものであることは稀である。というよりも、異なった意図をもつ個々のプレーヤーが派生結果に部分的に作用するのである。……それでも、派生結果は政治的ゲームの脈絡においてあるグループの選好にほぼ合致していることもありうる。[21]

国家公務員法制定・改正過程の分析にアリソン・モデルを適用した遠藤も、問題のマッカーサー書簡がなぜ打ち出されたかについての解明にさいして、この一般的命題を引いている。しかし、アリソン・モデルの適用において重要であるのは、そこにたどりつくまでの方法的手順である。マッカーサー書簡について、ＧＳのＥＳＳにたいする巻き返しが功を奏した結果としてとらえるのが通例であるが、それだけのことをいうのであれば、右の一般的命題を引き合いに出すにおよばない。遠藤が注目したのは、なぜマッカーサー書簡に公共企業体の創設という決定がふくまれていたのか、ということであった。その決定はＧＳの意図するところではなかったし、むしろ、公共企業体の設置により現業職員の一部を公務員法の枠からはずすことで、彼らに団体交渉権を認めようとするＥＳＳ労働課の主張を一部採りいれたものとなっている。こうして、組織過程モデルはもちろんのこと、合理的行為者モデルも駆使したうえで、いくつかの「なぜであったか」の疑問を明らかにしようとし、そのひとつである公共企業体の創設という決定について、それがGHQの指導者間の政治的駆け引きから生まれた派生的結果であるとしたのである。

さきに指摘したとおり、官僚政治モデルについては「このモデルは常識以外の何ものでもない」との手厳しい批判もある。しかし、あえて官僚政治モデルの主唱者の言い分を代弁するならば、常識を明るみに出し、それが病理でも何でもないことを明らかにすることこそが肝要である。大嶽が見抜いたように、彼らにおいては、「官僚政治をいわば生理とみなすことによって初めて、リアリズムに基づいた改革が可能になる」との考えがあるからであるが[22]、それだけにとどまるものではないであろう。何が生理であるかをわきまえずに病理の診断ができるはずもなく、生理をも病理と言い立てるだけでは、まるで「角を矯めて牛を殺す」愚を犯しかねないからである。

官僚政治モデルを超えて

行政官僚制におけるセクショナリズムの分析において、いかにアリソン・モデルが有用であろうとも、それですべてが足りるということにはならない。そもそものこととして、アリソンの官僚政治モデルが、その名にふさわしいかどうかということがある。これはひとつには、それを「政府内政治」モデルと呼びならわすわが国の事情が関連している。また、もうひとつには、アリソンにとってもっと痛烈な批判である。

わが国で「政府内政治」モデルの呼称が一般化した背景には、さきに指摘したように、アリソン自身が彼の第三モデルを“governmental politics”とも表現していることにくわえて、わが国で「官僚政治」といえば官僚制優位の政治体制のことを指すものとする一般的理解が支配的であることへの配慮もあったからであろう。いずれにせよ、主要プレーヤー間の政治的交渉を焦点化するアリソンの官僚政治モデルでは、したがってまたそれを「政府内政治」モデルと呼ぶ概念化ではなおさらのこと、官僚制組織を通じての政治的支配の様式といった、政府の対社会的統治機能への関心が稀薄になってしまいがちとなり、セクショナリズムによる分断統治の諸相がとらえにくくなる。この難点を克服するためには、「政府内政治」のモデルにとどめることなく、それを政府外におよぶ「政府外統治」のモデルに連結しなければならないということになろう。

しかし、この種の注文よりもむしろ、それが「政府内政治」の分析モデルとしても不十分ではなかったかという批判のほうが内在的で、かつ痛烈な批判となるであろう。本格的な検討を加えた大嶽の指摘によれば、官僚政治モデルは「政策主張の源泉やストラテジーに関心を集中するあまり……パワーの概念に対する充分な検討を欠いている」という。そして、「このパワー概念の欠如によって、このモデルが、政策過程を予測しえても、政策の内容を予測する力がないという結果をもたらすこととなった」とする。[23] ここで「パワー概念」そのものの概念論議をするつもりはないが、大嶽の言わんとすることは、「(アメリカの）行政府は、議会とは異なり、アクター間にハイアラーキカルな序列があり、かつ、議員同士のように同質なアクターの間の『プレイ』ではないことを、官僚政治モデルは軽視する傾向をもつ」ということである。[24]

意外といえば意外な批判である。なぜなら、官僚政治モデルはプレーヤーの「組織上の地位」を重視するモデルであり、「地位が立場を左右する」というのがその中心的テーゼだからである。それにもかかわらず、大嶽によれば、そのモデルは、「様々なアクターによる対立と妥協の産物として政策決定をとらえ、流動性、複雑性を強調し、それぞれの決定過程のユニークさを指摘する点で……『グループ理論』とその構造において基本的に同一である。しかも、ゲームの比喩を使うことで、こうした政治過程を、基本的に自律的で対等（あるいは少なくとも同質）の『プレイヤー』間のバーゲニングと見なす傾向を内在させている」[25]という。要点をくりかえせば、官僚政治モデルは「組織上の地位」を重視しようとしながらも、行政官僚制の組織特性をきちんととらえきれていないということである。そのかぎりでいえば、それは「官僚政治」の看板を掲げながら、肝心のところでその特質を軽視するものであって、「看板に偽りあり」ということになってしまうのかもしれない。

右の大嶽の批判点を念頭において、アリソン・モデルにこだわらずに、議会の政策過程と行政官僚制の政策過程との異同に留意した官僚（制）権力の分析モデルを探索するとき、ひとつの参考になるのがF・E・ロークの業績である。彼の関心の中心にあるのは政策過程における官僚制の役割であって、とりわけその権力源に関心が向けられる。「官僚制は、社会のさまざまな部分の価値や欲求を公共政策に組み入れるための体系を構成するものであるが、それは、それら外部集団が政府の政策決定に影響力をおよぼすのに用いる単なる導管にとどまるものではない。公的官僚制は、それ自体の組織内部に、高度の組織化され技術的に訓練された非常に広範な専門的職員をかかえており、かれらの知識や専門的技能が公的な政策決定の形成に強力な影響をおよぼすのである」[26]。これだけのことであれば、どうということはない。「権力は対象集団をめぐって組織化されている」とする視点は集団理論におなじみのものであるし、官僚制が専門能力の組織化であることは、ウェーバーの言説を引き合いに出すまでもなく、私たちにとってもっとおなじみである。ロークに特徴的であるのは、そこからさらに行政機関相互における権力の差異に進み、官僚制における政策過程の特質に迫っている点である。それぞれについて要点を見ておくことにしよう。

行政機関は、政府の政策決定に影響をおよぼしうる力量において均一ではなく、そこにかなり大きな差異がある。そうしたヴァリエーションの形成を助長する要因として、各行政機関の有する専門的能力・技能と政治的な支持者集団（constituency）の強弱が戦略的な重要性をもっている。したがって、それら二要因が官僚（制）権力を左右する基礎的資源であるといってよい。これにくわえて行政機関の政治的有効性を規定する要因として、さらにつぎの二つの要因が挙げられる。ひとつが行政機関の組織的活力、もうひとつが当該機関のリーダーシップの質である。行政機関の組織的活力は恒常的なものではなく、組織の「ライフサイクル」に応じて高揚することもあれば衰退に向かうこともある。衰退期に入れば「組織精神（organization esprit）」の再生策が必要となり、適切な組織イデオロギーや使命感の開発が求められる。また、行政機関の頂点に立つ指導者の力量いかんによって当該機関の政治的有効性は大きく左右される。しかし、組織におけるリーダーシップも一筋縄ではいかず、指導者の人格的特性のみならず、組織がどのような状況におかれているかという組織的コンテクストがものをいう。その制約のもとで、リーダーシップの対外的・対内的責任が問われるのである。[27]

このように、行政機関の権力に見られる差異の形成を助ける主な諸要因を摘出することができるけれども、どの要因が最も強く作用しているのか、効果的であったかを相互に比較し、一義的に順序づけることはむずかしい。また、行政機関相互の争いにおいて、一方が他方に勝利を収めたとして、それぞれの主要な権力源が明らかに異なる場合、その争いの結果によってただちに一方の権力源の他方にたいする相対的優越性を結論することもできない。「単一の行政機関がいくつかの異なった源泉から権力をひき出すこともできるのであり、行政機関の成功が、どの程度官僚の専門能力、支持者集団の強さ、組織の活力、巧みなリーダーシップによるものとすべきかを語るすべはないのである」[28]。しかしそれでも、基礎的な二つの要因に副次的な二つの要因をくわえた四つの要因を官僚(制)権力の規定要因として摘出し、それらの要因が同時にそろって存在することが重要であることを分かりやすく説いたところにロークの貢献があったということができよう。

行政官僚制における政策過程の特質についてのロークの論点整理も、同様に参考になる。そこで取り上げられるのは、行政機関における政策展開に参画する主要集団が何であるかという問題と、立法部の政策過程とくらべた場合の行政機関内部における政策過程の特質は何かという問題である。後者の問題の前に官僚制の政策決定における主要参加者について取り上げるのは、官僚制組織にたいする基本的なイメージが「一枚岩的」な構造と画一的な行動にあることを正面から問いただすためにほかならない。彼によれば、行政官僚制には四つの基本的な亀裂があるという。第一が行政ピラミッドの頂点にいる政治的公職者とその下にいる終身職スタッフの対立、第二が終身行政官内部における専門職と一般行政官の対立、第三が外部の専門家からなるアウトサイダーとインサイダーの対立、そして第四が職員の職務遂行に見られる指向性の違いから生ずる官僚タイプ間の対立である[29]。

つぎに、このような亀裂や対立に彩られる行政機関の政策決定は、どのような性質を帯びることになるのか。参加主体間においてバーゲニングや利害の調整が盛んにおこなわれ、政策の変化がインクリメンタルとなりがちであることは議会の場合とそれほど変わりはない。そうなると種類の違いというよりは程度の相違であるともいえるが、官僚制における政策決定の特性として三つが重要である。すなわち、第一に権限が階統制的に構造化されていること、第二に政治的基準とは区別される専門的ないし技術的基準が決定過程で強い影響力をおよぼすこと、第三に立法部にくらべて官僚制では政策過程の公開性がかなり低く秘密性が高いこと、の三点である[30]。

どちらも、新奇なレトリックに頼る説明のしかたではなく、きわめて要を得た説明となっている。ただし、ロークが取り上げた官僚制組織における亀裂は単一の行政機関におけるそれであって、行政機関相互の対立を説明するものではないから、たとえば省庁間セクショナリズムにそのまま適用できるものではない。それを生かすには、せめて、その内部亀裂が他機関との関係においてどのように作用するかについての仮説を用意しなければならないであろう。さらに、最後の行政官僚制における政策過程の特性となると、一見してどれも常識的すぎる感をうけるかもしれない。わが国において階統制の構造、専門的基準、非公開性といった官僚制の特性はあまりに歴然としているので、そのことをわざわざ取り上げる意味がどこにあるかと思ってしまう向きもあろう。しかし、セクショナリズムが階統制構造の制約下において発現する組織ダイナミズムであることに留意するならば、特定機関における専門的・技術的基準をそのままストレートに適用させない対抗策の行使とか、交渉過程で形勢の悪い当事者が秘密情報を外部にリークする高等戦術など、官僚制組織の構造的特性に規定されつつも、いわばその裏をかく交渉戦略を明るみに出すことが求められるという側面もわきまえておかなければならないであろう。

政治学的分析の限界?

セクショナリズムの政治過程を観察し、それについて診断をくだすとなると、結局はその人の政治観に依拠せざるをえないことがしばしばである。政治観の問題は行政観の問題でもある。したがって、政治と行政の関係をどのようにとらえるかという問題にも波及する。さきにアリソンの官僚政治モデルにたいする大嶽の批判にふれたが、実のところ、その批判は政治学における多くの政治過程・政策過程の分析にほとんど当てはまる。その意味では、官僚政治モデルの限界を乗り越えようとするならば、従前の政治学的分析そのものの限界を認識してかからなければならないのかもしれない。

行政官僚制における政策過程の特質としての専門・技術的性格を論じるにあたって、ロークがつぎのように指摘していることにあらためて注目しよう。「官僚制における専門的決定過程を腐敗させることをもって〈政治〉とみなし、その実例を見つけることも可能であるし、また、官僚制における政策決定者の視野を大きく拡張し、政策がもっと広範な人びとの要求を満足させるようにすることが〈政治〉であるとみなすことも可能なのである」[31]。セクショナリズムにかんしても同様であって、いずれの政治観をとるかによって、そのとらえ方も、したがってそれにたいする対処の仕方も異なってくる。官僚制における専門的決定過程は政治と区別される行政の領分としてうけとめられるのが通常であるから、政治の介入によってその専門的決定過程が歪められるような事態は避けなければならないと考えるとすれば、セクショナリズムによる官僚制の政治化は「害あって益なし」ということになる。これにたいして、細分化された行政各部局の組織利害に固執した専門官僚の視野狭窄症にセクショナリズムの弊害を見いだす人々は、たとえそれが官僚制の政治化を招くことになろうとも、相対立する組織利害やそれぞれが主張する専門的決定をめぐって、行政的合理性を超えたレベルでの政治決着を期することになっても不思議はない。「小異を捨てて大局に立つ」のが政治的判断の要諦であるからである。

官僚政治をいろどる組織紛争の特徴については、さきにアリソン・モデルにかんする概説をおこなったさいに、簡単ではあるが言及した。そこでは何よりも説得力ある議論の展開がものをいう。一方の組織的利害と他方の組織的利害とのぶつかりあいだけに終始することは許されない。相手側が再び立ち上がれないように徹底的にうちのめすのではなく、議論において相手側より優位に立つことが肝要となる。だから、理にかなった主張でなければならず、その意味で合理的でなければならない。アリソンの合理的行為者モデルで想定されるような「明示的な制約のもとにおける一貫した価値極大化的選択」を意味した合理性そのものではないにせよ、目指す目的、考えられる選択肢、選択の結果についてきちんと説明でき、相手側もなるほどと思うような明解な論旨と論拠を備えた立論を求められる。

政策決定の政治学的説明では、C・E・リンドブロムが主唱したインクリメンタリズム理論に典型的にみられるように、統計的意思決定理論で用いられる合理的モデルと対峙させて、それとの対比で現実の政策決定に近似した修正モデルを構成し、それを用いて理論的仮説や命題を組み立てるやり方がしばしばとられる。しかし、合理的モデルはその出発点から高度に規範的な性格を帯びざるをえないから、それが多くの点でいかに現実離れしていようとも、それだけでその理論的価値を全面的に否定することはできない。「知的過程」としての意思決定（decision making）と「社会的過程」としての政策決定（policy making）を区別し、その違いを際立たせる場合でも、政策決定に参画する個別のアクターの決定行動が合理的であったかどうかを判定する段になれば、否定的に評価したはずの合理的モデルを頼りにしなければならない羽目に陥ってしまう[32]。知的過程と社会的過程を分断させたままであると、そうなってしまうのである。

官僚政治モデルについて大嶽秀夫は、いうところの「パワー概念の欠如」によって、それが「政策過程を予測しえても、政策の内容を予測する力がないという結果をもたらすこととなった」とその限界を指摘した。しかし、そうとだけ言いきれるものではない。不均等な権力関係から生ずる権力構造の概念化を挿入したところで、事態に根本的な変化が生ずるわけではないからである。問題はそこにあるのではなく、民主的討論や議論の重要性をうたう政治理論において、過程論的な分析では政策内容についての議論を理論内在的に位置づけることができないできたこと、そのことにこそあるというべきである。

その点で、ベインジアンの統計家として出発したG・マヨーネが政策過程で交わされる議論の重要性に注意を喚起し、知的な構成物としての「メタ政策」が果たす役割におよんでいるのは興味深い。(33)彼の指摘によれば、政策を権力闘争のアウトカム、対立する利害・圧力からもたらされる結果としてとらえる政治学モデルの概念化は、統計的意思決定理論の諸前提を受容する「技術主義モデル（technocratic model）」と同じ過ちを犯しており、ともに「政策決定過程の知的側面と政治的・経済的・制度的側面とを相互に有意味な緊密な結びつきをもつものとして連結させることに失敗してきた」。(34)そのために、いずれも政策の変化を十分説明することができないままにきてしまったという。すなわち、一方の技術主義モデルは、政策決定者がその選好を変えた結果であるとか、客観的な条件の変化に目標を適合させた結果であると説明する。他方の政治学モデルでは、主に支配的利害の配置に変化が生じたためであって、異なった方向に引き合う政治的・経済的・官僚的諸力の結果であると説明してみせる。どちらも、政策過程と並行して進行する討論と議論の知的過程についての考察を欠いているということである。(35)

セクショナリズムは、官僚政治をいろどる組織紛争の形態にほかならず、当事者間での議論の応酬がその政治過程を特徴づけている。そうだとすると、その特質に迫るには、どうやら、特定の問題にかんして異なった立場から政策決定に関与する複数のプレーヤー間の「引っ張り合い」に注目するだけでは足りないようである。政策過程における参加者はすべて「政策論議のプロデューサー」でもあるのだから、政策内容にかんする政策論議の展開にも立ち入っていかざるをえないのである。

2 「戦後型行政」における展開

行政官僚制は一枚岩ではない。村松岐夫の表現を借りるならば、「官僚制の実態は、一枚岩的な bureaucracy というよりも bureaucracies である」(36)。しかし、そうした実態が歴然と存在するにもかかわらず、とかく私たちは一枚岩的イメージでとらえてしまう。各省庁組織についてであればまだしも、驚いたことに、国家行政組織の全体についてすら、そのようなイメージでとらえることがしばしばである。

原因のひとつは、戦後の国家行政組織法制の設計にさいして採用された独特の「一体的」行政組織観に由来しよう。すなわち、旧来の分立的な組織体制を観念的に否定し、国家行政組織としての一体性を確保しようとするあまり、現実に戦前から継承した分担管理の仕組みにマッチしない規範的モデルに従って国家行政組織の全体像をとらえようとしたのではなかっただろうか。しかもそれが、序章で取り上げた行政官庁理論と接ぎ木されて、今日なお法制度面からの行政組織のとらえ方を規定してしまっていることが、リアルな行政官僚制の把握を妨げる一因となっているように思われるのである。

国家行政組織法は、国家行政組織の構成についてつぎのように定める。

第二条① 国家行政組織は、内閣の統轄の下に、内閣府の組織とともに、任務及びこれを達成するため必要となる明確な範囲の所掌事務を有する行政機関の全体によって、系統的に構成されなければならない。

② 国の行政機関は、内閣の統轄の下に、その政策について、自ら評価し、企画及び立案を行い、並びに国の行政機関相互の調整を図るとともに、その連絡を図り、すべて、一体として、行政機能を発揮するようにしなければならない。内閣府との政策についての調整及び連絡についても、同様とする。

条文中の「内閣府」の文言に見られるとおり、これは世紀末の中央省庁等改革によって一部改正があった条文である。しかし、国の行政機関が「系統的に構成され」、かつまた「すべて、一体として、行政機能を発揮する」ことが求められている点は改正前から変わりはない。念のため、敗戦後の暫定法であった行政官庁法にかえて一九四八年の第二回国会で制定された国家行政組織法の条文を見ておくことにしよう。

第二条① 国家行政組織は、内閣の統轄の下に、明確な範囲の所掌事務と権限を有する行政機関の全体によって、系統的に構成されなければならない。

② 国の行政機関は、内閣の統轄のもとに、行政機関相互の連絡を図り、すべて、一体として、行政機能を発揮するようにしなければならない。

法制定時における政府原案は右の第一項のみであったのだが、参議院の審議において、行政機関の「縦の関係」にくわえて「横の関係」も重要であるという理由で第二項が追加されたものである。[37] いずれにせよ、この種の規定は従前の各省官制通則や行政官庁法には見当たらない。それは、国家行政組織法の制定にともなって新たに定められた行政組織構成の原理であった。

あるべきことと現にあることが乖離しがちなことは世のつねとはいえ、それが放置されたままであることは当たり前のことではない。憲法原理ですら現実との乖離が歴然としていれば、その改正が取りざたされるというのに、どうやら行政組織については別であるらしい。さきの中央省庁等改革にともなう国家行政組織法の改正過程において、国家行政組織を「系統的に構成」するとはいかなる意味においてであるのか、また、行政機関が「すべて、一体として」機能するとはどのようなことであるのか、といった事柄について、立ち入って検討がくわえられた形跡はない。

新世紀を迎えて、各省より格上の存在として新たに内閣府が設置され、内閣官房とともにそれを補佐機関とすることによって「内閣機能の強化」が図られたのだが、はたしてそれは、「戦後型行政の問題点」とされる「各省庁の縦割りと、自らの所管領域には他省庁の口出しを許さぬという専権的・領土不可侵的所掌システムによる全体調整機能の不全」(行政改革会議最終報告[38])を解消しうるものであるのだろうか。いわゆる「分担管理の原則」を維持したまま、国家行政組織を「すべて、一体として」機能させることが可能なのかどうか。回答を急ぐ前に、「戦後型行政の問題点」といわれるものの実態はどのようなものであったのかを再確認してしてみる必要がありそうである。

幻の巨大省設置構想

世紀末の中央省庁等改革では、内閣府の新設と並ぶもう一つの目玉があった。中央省庁の「大括り」再編による省庁数の半減がそれである。半減といっても各省の外局におかれる通常の庁はその枠外であり、いわゆる「一府二二省庁体制」から「一府一二省庁体制」への移行をそのように呼んでいるにすぎない。とにもかくにもそれが可能になったのは、国務大臣を長とする旧総理府傘下の大臣庁のほとんどを廃止したためであり、省にかぎっていえば、従前の一二省が一〇省になっただけのことである。[39]（〔図2〕参照）

そのなかでひときわ目を惹きつけたのが、厚生省と労働省を統合した厚生労働省および建設省、運輸省、国土庁、北海道開発庁を統合した国土交通省を典型例とする「巨大省」の誕生であった。前者の二〇〇一年度末本省定員は八万二五二八人、後者のそれは四万七三七二人である。厚生労働省の定員には、二〇〇四年度に独立行政法人化が予定された国立病院・療養所四万八一五五人がふくまれているが、本省定員であるから外局の社会保険庁一万七三五四人はそれにふくまれていない。

本省の定員規模だけでいえば、その時点で一三万六〇〇〇人を超えていた文部科学省が最大である。

図2　中央省庁再編図（概要）

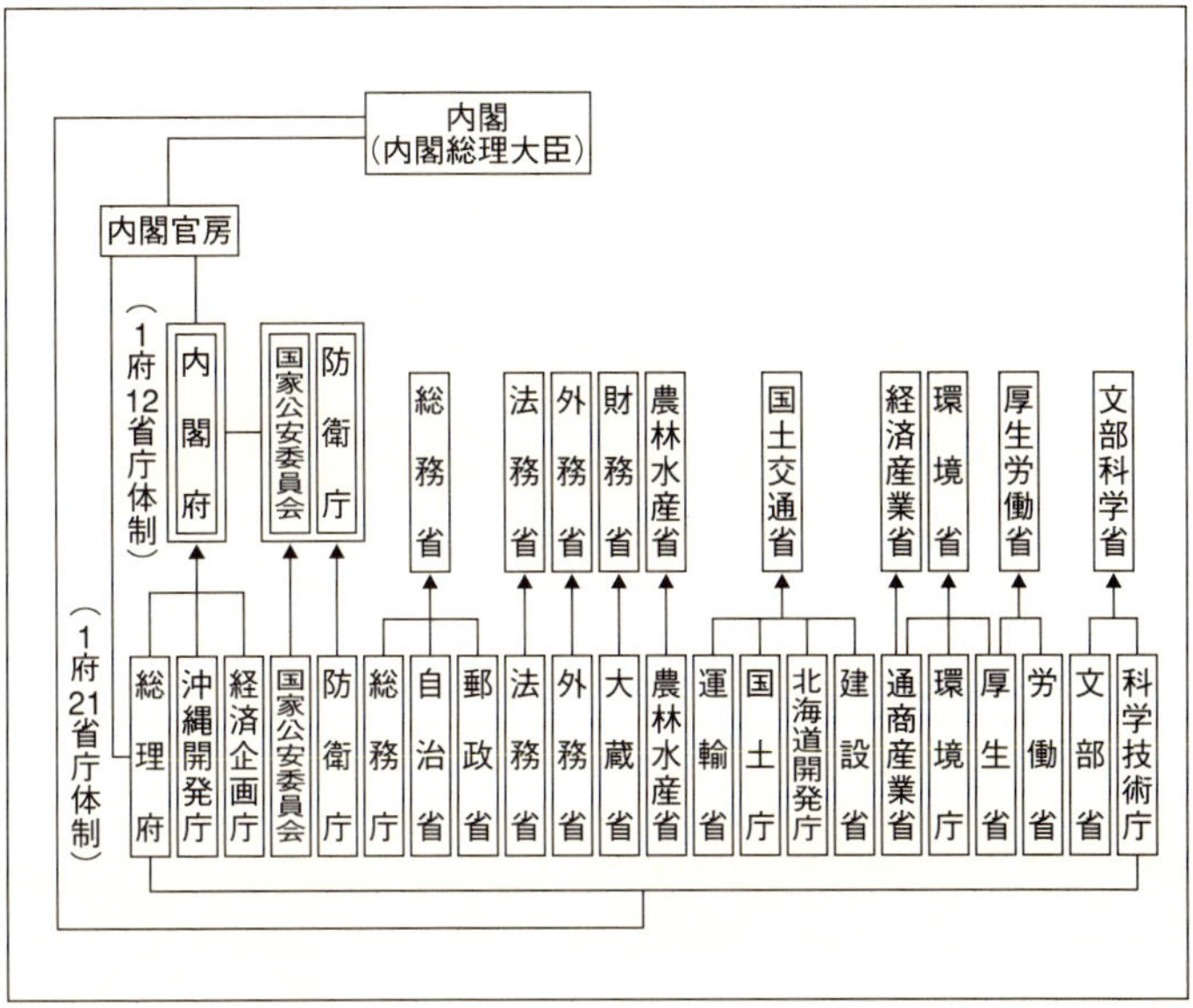

出典）　田中一昭・岡田彰編著『中央省庁改革』（日本評論社，2000 年），p. 4 をもとに作成.

ただし、そのうち約一三万四〇〇〇人は国立学校の教職員で占められ、二〇〇四年度の独立行政法人化にともなって、非公務員化されることになった。また、総務庁、自治省、郵政省を統合した総務省の場合は、本省定員こそ七〇〇〇人に達していないものの、外局の一つ、郵政事業庁はそれだけで三〇万人近い定員を擁し、これについては二〇〇三年度からの公社化が予定されていた。定員規模でそれに迫るのが自衛隊をかかえる防衛庁であり、約二八万三〇〇〇人の本庁定員の九七％ちかくは陸上・海上・航空自衛隊員である。

ところで、巨大省の設置構想は、今度が初めてではない。さきの中央省庁再編は「国家行政機能・目的の再分類を行い、これをもとに、中央省庁を行政機能・目的別に編成することとし」たものであるが[40]、同様な企ては、再編前の府省体制の骨格を決定づけた、戦後の独立時における省庁再編過程でもみられた。第三次吉田内閣のもとで閣議決定の一歩手前までいった「一府九省案」がその具体例である。吉田首相もくわえた閣僚小委員会で了承されたそれには、労働・厚生両省の統合案のほか、林野・港湾などを建設省に統合した「国土省」設置案もふくまれており、まさしく、行政機構の主要機能・目的別編成を徹底させようとする企図にもとづくものであった[41]。

中央省庁全体におよぶ再編構想ではないが、吉田内閣につづく鳩山一郎内閣では、建設省と自治庁の合体による「内政省」の設置構想が具体化した[42]。これは、内政省設置法案として閣議決定され国会提出までこぎつけることができた。しかし、新教育委員会法案や小選挙区制法案をめぐる国会運営大混乱のあおりをうけて継続審議となり、短命に終わった石橋湛山内閣を経て岸信介内閣（第一次）にいたり、ついにその撤回が決まった。二年間にわたって継続審議となったその法案は、内部部局として、大臣官房のほかに、行政局、選挙局、財政局、税務局、管理局、開発局、計画局、住宅局、河川局、道路局、営繕局の一一局を配置し、外局に中央選挙管理委員会と首都圏整備委員会を置くもので、本省の定員規模からすると建設省定員に数百人上乗せした程度にとどまるものの、当初案はもっと拡張的な内容であった。また、「内政省」というその名称には、将来における巨大省への志向が如実にうかがわれる。

閣議決定の寸前までいった「一府九省案」は、講和成立後の行政制度改革を意図した政令諮問委員会の審議を契機とするものであり、他方の内政省設置法案が国会に提出されたのは、いわゆる一九五五年体制が成立した直後のことであるから、それらを行政改革会議最終報告でいう「戦後型行政」の代表例とするには時期が早すぎるにせよ、このころすでに、大規模な省庁再編をこばむ既存省庁のエネルギーが相当程度蓄積され、結果的に、世界の主要国の中でもまれな安定した中央行政機構を生みだすことになったのであった。ここで国土省および内政省の設置構想について、その実現をこばんだ主要な要因としてのセクショナリズム的省庁間力学の一端をみておくこととしよう。

内務省国土局が「国土計画基本方針」を打ち出したのは終戦後わずか一ヵ月後のことであり、翌々年（一九四七年）の春にはそれにもとづいて国土計画審議会の設置を具体化したが、その審議会設置の当初案においてすでに、将来国土省を設置して事務機構を整備する方針が示されていた。ところが、同年末に内務省が解体となり、国土計画や地方計画の所管が建設省の前身である建設院と経済安定本部に二分され、国土計画の策定事務が後者の「安本」の資源委員会にゆだねられたため、旧内務省系の建設省サイドの主導権は一時期失われることになった。

しかし、吉田内閣のもとで国土総合開発法の制定にむけた動きがはじまると、新しい様相が現れてきた。衆議院建設委員会を舞台に、建設省を支援する議員の活動が活発になってきたのである。その中心となったのは、のちに国土庁設立に踏みきった首相、田中角栄や国土庁の初代長官となった西村英一らの面々である。たとえば田中は、国土総合開発法制定の勧告が総合国土開発審議会から出されるや、その直後の建設委員会において、国土総合開発の推進行政機構についてつぎのように主張している。「特にわが国の建設行政は各省に分属せられておりますために、申すまでもなく各省間のセクショナリズムに災いされて、統一的なる国土計画ということはほとんど不可能な状況になっております。だからわれわれが長年考えているところの建設行政の一元化、すなわち総合建設省または公共事業省の設置というものを説いておりますす焦点もそこにあるのでありますが……」。したがって彼によれば、「この法律は国土開発法というよりも、むしろ建設省設置法の改正案として私は出したいのです」ということになる。(43)

国土省構想が明確になったのは、国土総合開発法成立直前(一九五〇年四月)に出された行政制度審議会答申である。つづいて、さきにふれた政令諮問委員会の答申(一九五一年八月)において、前年の国土省構想がほぼそのまま認められた。「建設省の事務、農林省の林野庁の事務、公益事業委員会〔いわゆるポツダム政令により五〇年一二月発足〕の電源開発事務および運輸省の港湾局の事務を統合し、国土の総合開発と治山治水の一元化を目的として国土省を設けること」とされたのである。この答申をうけて、当時の行政管理庁を中心にまとめられたのが前記の「一府九省案」であるが、統廃合の対象となった省庁からの反発は必至であった。ちなみに、政令諮問委員会の審議過程では、運輸省を再編した交通省と国土省を統合する案も出されている。中央省庁等改革で実現した厚生労働省も国土交通省も、その構想自体はけっして新しくなかったのである。

国土省構想に建設省が積極的であったことはいうまでもない。しかし、統合が予定された部局をもつ農林省、公益事業委員会、運輸省はすべて消極的であった。それというのも、国土総合開発法の制定以降、建設省と衆議院建設委員会との一体化が進行し、電源開発や河川の総合開発をめぐって他省との対抗関係が形成されていたからである。行政管理庁で「一府九省案」の立案が進んでいたころ、自由党政調会では電源開発株式会社の設立を内容とする電源開発促進法案を内定し、公益事業委員会および前年発足したばかりの九電力会社の反対を押しきって、それを議員立法のかたちで提出することになった。廃止目前の公益事業委員会の反対よりも、電気事業再編をめぐる自由党内の対立に配慮した結果である。建設省と建設委員会は同様に重要河川開発法案にも取り組み、建設省はさらに本格的な河川法改正に着手したが、今度は農林省が真正面から反対に立って、農業水利法案の検討に入った。戦前からの水利統制をめぐる対立のぶり返しを思わせる展開である[44]。一挙に組織統合をなしうる状況ではなかったのである。

建設省の国土省構想はこれかぎりとはならず、第一次臨調が設けられた一九六〇年代にも再燃する。しかしその構想は、臨調で省庁編成を扱った専門部会（第一専門部会第一班）で真っ向から否定されてしまった。田中内閣のもとで国土庁が設置されたのは、臨調最終答申から一〇年後のことである[45]。

さて、国土省構想をふくむ「一府九省案」の挫折が明らかになってから四年ほどして成案化された内政省設置案のほうはどうか。設置法案の国会提出までこぎつけたのだから関係省庁間の調整に問題はなかったのではないか。一見すると、このようにも考えられよう。しかし、それほど簡単ではなかった。

ともかく、独立後は、国土省構想の実現をめざす動きよりも、同じ内務省の本流を自負する自治庁の省昇格運動のほうがはるかに活発であった。自治庁が総理府の外局（大臣庁）として再スタートしたのは講和条約締結の年の夏のことであるが、翌年秋には早くも地方制度調査会（第一次）から、関係行政機関の整理統合による中央行政機構設立についての答申を引き出し、それから二年と少しで、「内政省」の新設を一案とする第三次行政審議会の答申を得るにいたっている。

再スタート時の自治庁行政部長（小林与三次）は、それまで建設省大臣官房文書課長であったが、その彼の回顧するところによれば、「私自身も、建設省では国土省案や公共事業省案などをおおっぴらに作文したけれども、自治庁では、むしろ受身で外部の機の熟するのを待つ態度を中心にした」という。[46]それが、鳩山内閣における行政機構改革の目玉として内政省設置案が位置づけられることになったのであるから、自治庁にとっては、まさに好機到来である。しかし、行政管理庁（河野一郎長官）でまとめられた当初案では、運輸省港湾局および北海道開発庁まで統合するものとなっており、それにたいしては自由党政調会長および総務会長からも難色が示されている。それらの統合を見送った末に閣議決定されたのが前記の設置法案である。

法案の閣議決定、国会提出までの過程で関係省庁がどのように対応したかについては、経済企画庁から開発部の内政省移管に難色が示されたこと以外にあまりはっきりしない。法案自体も、上程された第二四回国会混乱のあおりをうけて、内閣委員会での提案理由・法案要旨の説明がおこなわれたところで継続審議になってしまったが、衆議院本会議での趣旨説明にたいする質疑では、国土開発省こそを設置すべきだとする社会党議員から、内政省が実現すれば、「現建設省は省内の一土木局的な立場に転落することは明白である」との指摘がなされている。[47]はたして、どうだったのだろうか。

この観測が当たっているかどうかはともかくとして、一方の自治庁側が全庁をあげて積極的であったのにたいして、他方の建設省内部に異論があったことはたしかなようである。再び小林の回顧録によれば、「内政省案は、国会においては、建設省、とくにその技術関係者の反対が、建設関係議員を動かし、審議がいっこうに進展を見ぬままに、毎国会継続審議になっていた。自治庁では、けっきょく〔昭和〕三十三年三月二十日に、この案に見切りをつけて、撤回することにした[48]」。自治省の設立は、この二年後のことである。

挫折がつづいた環境アセスの法制化

中央省庁等改革で省庁の「大括り」再編が可能になったのは、さきにふれたとおり、国務大臣を長とする旧総理府傘下の大臣庁のほとんどを廃止したためであったが、その大臣庁のなかで環境庁のみは単独で環境省に昇格することになった。本省定員が一〇〇〇人ほどの小規模省である。

環境庁の設立は国土庁設立の三年前（一九七一年七月）のことであり、どちらも大臣庁としてそれぞれの政策分野での総合調整機能を発揮することが期待されていた。その意味での「総合調整官庁」である。ただし、中央省庁等改革による省庁再編ののちは、防衛庁だけが内閣府の外局に大臣庁として残されることとなり、しかも概念としての「総合調整」が内閣官房および内閣府本府にかぎって用いられることになったため、もはや大臣庁を総合調整官庁と概括するとらえ方も過去のものとなってしまった。ふりかえってみれば、独立後の中央行政機構改革の流れは、総合調整官庁としての大臣庁を総理府の外局に拡充設置していく歴史でもあったのだが、その歴史も、さきの中央省庁等改革によって途切れることになったのである。

その大臣庁拡充の歴史のなかで環境庁設置は画期的な意義を有していた。それというのは、経済企画庁をモデルとした大臣庁の設置について、その総合調整機能の実効性がくりかえし議論となり、内閣法第六条に根拠をおく内閣総理大臣の指揮監督権の行使を具申できるという「伝家の宝刀」を長官に付与する法的措置（設置法第六条第五項）がとられることになったからである。[49] こうすることによって、経企庁に見られたような「色男金と力はなかりけり」といったもどかしい状況を払拭することが可能になると考えられたのであった。はたして、総理大臣の指揮権限を背後におくことにより、環境庁は期待された総合調整機能を十分に発揮しえたのかどうか。挫折をくりかえした環境アセスメントの法制化過程をみるかぎり、とても肯定的な回答をするわけにはいかないようである。[50]

環境アセスメントの法制化は環境庁発足以来の課題であった。アメリカ連邦政府が国家環境政策法（NEPA）を制定したのが一九六九年であり、翌七〇年初めからの施行となった。それをうけて事実上の初代長官大石武一（発足五日目に就任）は、国の公共事業の計画策定にあたって環境アセスメントの手法を採りいれる方向で調査検討を指示し、任期を終えるまぎわの七二年六月に、閣議了解「各種公共事業に係る環境保全対策について」を得ることに成功した。これが、わが国における環境アセスメント法制化の出発点であった。

大石長官についで環境アセスメントの法制化に積極的な姿勢をみせたのは、第二次田中内閣で長官に就任した三木武夫であり、環境保全を最大の政治的課題のひとつとした彼は、七三年初頭の所見で、当面の施策の第一に環境アセスメントの確立を掲げた。港湾法や公有水面埋立法の改正などにより環境影響調査が組み入れられ、瀬戸内海環境保全臨時措置法にも特定施設設置にさいして実施される環境アセスメントの規定が設けられたのも同年のことである。そして翌七四年六月、中央公害対策審議会の環境影響評価小委員会において環境アセスメント運用指針がまとめられ、これをベースとして環境庁での法制化作業が開始されるにいたった。

国会への法案提出の方針を最初に明らかにしたのは、三木内閣における小沢辰男長官である。中央公害対策審議会に新設された環境影響評価制度専門委員会の中間報告（七五年一二月）をうけて、同長官は審議会に当該制度のあり方を諮問し、あわせて、暮れからの通常国会に環境影響評価法案を提出する方針であることを公にしたのである。ところが、その年を越すと、この動きにたいして、日本鉄鋼連盟立地公害委員会、関西経済連合会、電気事業連合会、経済団体連合会、不動産協会などが、いっせいに意見書、要望書を提出するにおよんだ。いずれも、環境アセスメント法制化に反対もしくは時期尚早とする内容である。その一方で、公明党、社会党、日本弁護士連合会が独自の法案および法案要綱を策定し、住民運動団体や自治体などからの法制化推進を求める意見も相次いだ。

環境庁が法案要綱をまとめたのが七六年三月末であり、その要綱をもとに通産・建設・運輸・国土・農林など関係省庁との協議に入ったが、調整は入口段階で難航し、不調に終わった。小沢長官が国会提出断念を決めたのは五月の半ばを過ぎてからである。これが、最初の法制化失敗である。

しかし、環境庁にとって最重要課題であることに変わりはない。担当局である企画調整局は、法案提出を断念した直後から捲土重来を期して翌年にむけた活動を開始した。七省庁（環境・国土・農林・通産・運輸・建設・自治）からなる局長レベルの関係省庁連絡協議会を設置し、その下に実務を担当する課長レベルの幹事会を設けて検討を進める一方、都道府県の関係部局担当者を集めて条例制定を呼びかけていった。省庁間調整とともに法制化への機運の醸成につとめたのである。

だが、同年一二月、三木内閣から福田赳夫内閣にかわり、環境庁長官に石原慎太郎が就任したことによって従前と異なる様相が生じた。たとえば、就任一ヵ月後の七七年一月には、公害対策全国連絡会議代表との会見において「開発のメリット」もあわせ評価する必要があると発言し、関係六省庁に環境影響評価制度試案を提示したばかりの職員を慌てさせることになった。長官発言が波紋をよぶなかで企画調整局は法案作成作業を急ぎ、三月上旬には第一次案をまとめて全省庁に提示し、つづいて関係六省庁の意見を採りいれた第二次案を下旬になって提示した。関係省庁の中で異議を強く唱えたのは通産省と建設省であり、電気・ガス事業と都市計画事業を法案の対象事業にふくめるかどうかが最大の争点であった。四月半ばすぎ、環境庁は両省の反対を押しきるような恰好で法案最終案の提示に踏みきったが、これにたいして両省が強く反発を示し、舞台は大臣レベルの政治的調整にゆだねざるをえなくなった。

法案の国会提出に反対だったのは通産・建設両省だけではない。自民党内にも根強い慎重論があった。当初案から後退した環境庁の第二次案にたいしては野党も強く反発し、社会・公明両党は今度も独自のアセスメント法案を提出した。こうなると法案成立の見込みはない。連休明け、またもや環境庁は通常国会での法案提出断念に追い込まれてしまった。前年につづく二度目の失敗である。二年連続の調整不調を理由に、環境庁事務次官から企画調整局長にたいする異例の勇退勧告があり、局長の辞任が決まったのは、それから三ヵ月余たった八月下旬のことである。

二度あることは三度あるというが、それどころではない。一九八〇年まで五年連続の法制化失敗がつづいた。さらにそのあと、やっと国会提出までこぎつけた法案が審議未了・廃案という憂き目にもあってしまった。通産・建設両省との調整難航が主たる原因である。自民党政務調査会環境部会の対応も大きく響いたようである。

三度目の七八年のときは思いきった譲歩戦術に出て、発電所事業と都市計画事業をアセスメント法の対象事業から外すことを提案してみたが功を奏さなかった。また、大規模開発事業にかんする規定を削除することとした。これにたいしては、国土庁が再検討を求めている。国土庁はかねてから環境庁を応援してきていたが、大規模事業を対象事業から削除したことについて、譲歩しすぎと判断したのである。四度目は、「田園都市構想」を掲げた第一次大平正芳内閣のもとでの法案調整であり、上村千一郎長官を筆頭に尽力したが、とくに通産省との対立が打開できそうもなかったことにくわえて、自民党政調会環境部会で法制化に消極的な意見が委員の半ばを占め、徐々にその勢いを増していったことが痛かった。前回国会提出を見送ったさいに、未調整の法案を自民党政調会に預けたことがここにきて決定的な影響をもたらすことになった。環境部会の審議がおこなわれている間は、環境庁の調整作業が凍結状態におかれてしまったからである。

五度目の法制化作業は、第二次大平内閣の土屋義彦長官の指揮のもと、それまでにも増して精力的におこなわれた。このころになると環境アセスメントの制度化に取り組む自治体がめずらしくなく、要綱の策定・施行にとどまらず、川崎市をはじめとして環境影響評価条例の制定に乗り出す自治体がでてきた。全国知事会など自治体の全国団体からも早期法制化の要望が提出されるようになっていた。それに、前年、美濃部革新都政から鈴木保守都政に切り替わった東京都の状況は、いやでも人々の関心を集めざるをえなかった。美濃部知事時代に都議会に提出された条例案を鈴木知事がいったん撤回したことから、住民団体がこれに反発し、美濃部知事時代の条例案の復活を求める直接請求運動を起こしていたからである。

八〇年二月半ば、ひとつの進展があった。衆議院予算委員会で公明党議員が法案の国会提出を求めたところ、通産大臣と環境庁長官との見解の相違による審議中断のあと、大平首相が答弁に立って、法案提出に最善の努力をすることを約束したのである。この大平発言は、その後も政府の「至上命令」としての意味をもちつづけることになった。それからまもなく、昭和五五年度政府予算案の修正がらみではあったが、アセスメント法案の調整促進のため一三閣僚からなる「環境影響評価法案に関する関係閣僚会議」の設置も決まった。官房長官（伊東正義）も積極的な取り組みを開始した。関係閣僚会議の下に設けられた関係省庁の担当局長会議は二ヵ月間に一七回も開催され、政府原案の詰めがおこなわれたが、自民党政調会商工部会の反対論や慎重論を封殺することはできず、安倍晋太郎政調会長への一任で決着。結局、通常国会への提出は見送りと決まった。これで五年連続の法制化失敗である。

ただし、五度目の法制化の企てには副産物が残った。苦労してまとめ上げた政府原案について、自民党の了解さえ得られれば閣議決定のうえ次回以降の国会に提出することで閣議了承が得られたのである（五月二〇日）。これにより環境庁は、法案策定にむけた各省折衝をくりかえさなくてよくなった。実態に即していえば、「自民党政調会長預かり」になったということである。

環境影響評価法案についてどうにか閣議決定がなされ、国会提出が正式に決まったのは一年後の八一年四月末であった。前年七月、鈴木善幸内閣が成立、鯨岡兵輔環境庁長官となっていた。いわゆる衆参ダブル選挙後の臨時国会での法案提出を果たせず、なんとしても通常国会では、と意を決した鯨岡長官が「政調会長預かり」の状態を解くことを要望したところ、党内合意の形成が優先されることになった。ところが、政調会各部会長クラスの一五人からなる「環境アセスメント問題懇談会」でも、さらに政調会および総務会でも、法案提出反対意見が多数を占める状況となったため、長官は、通常国会への法案提出ができなかった場合には長官辞任を申し出ることを決意し、その旨をしたためた書面を鈴木首相に手渡すにおよんだ。法案の閣議決定、国会提出は、それから一週間後のことである。

しかし、その法案は前年の政府原案どおりではなく、「発電所」抜きのものであった。鯨岡長官は、将来、発電所建設を対象事業に追加することなどを条件に、次善の策としてその法案提出に応ずることを決め、首相・官房長官との三者会談で最終的に合意、関係省庁の意見を環境庁で調整したものである。だが、予想されたこととはいえ、発電所建設を対象事業から除外する措置にたいしては批判が強かった。二年前にアセスメント制度について答申をまとめた中央公害対策審議会が異例の意思表示をおこない、強い不満の意を表明したほか、野党側の対応も冷たかった。

こうなると継続審議扱いしかない。通常国会、臨時国会の会期末に継続審議の手続きを六回も重ね、第一次中曾根内閣の終わりちかく、八三年一一月になって、ついに審議未了、廃案が決まった。そして翌年、法案再提出をねらった環境庁はそれも果たせず、内閣官房と対応策を協議した結果、法案をベースにした要綱の作成についての閣議決定をすることで合意をみた。八四年八月の「環境影響評価実施要綱」を内容とする閣議決定(「環境影響評価の実施について」)がそれである。

いわゆる「閣議アセス」の時代がそれから一〇年以上つづく。九三年一一月に環境基本法が制定されたのをうけて、再び環境アセスメント法制化の動きが具体化し、九七年にようやく環境影響評価法が成立。その二年後の九九年六月、全面施行となった。環境庁の設立から数えて実に二八年、土屋長官時代の政府原案にかんする閣議了解から数えても一九年である。

第一次・第二次VAN戦争

行政官僚制における「縄張り争い」は権限をめぐる争いとしても理解される。前節の冒頭に、かつて評判をよんだ『お役人操縦法』(一九七一年)のなかの若手特権官僚の「愛省精神」の強さを述べたくだりを引いたが、そこに記されているように、彼らは「自分の役所の権威にかかわったり、権限を削減するおそれがあるとみたら、決してウンとはいわない」行動性向を有し、したがって「他省との権限争いで、自分の省を有利にする」ということをことのほか重視するものらしい。

ところで、世紀末の中央省庁等改革において、各省設置法の条文から権限規定が削除された。それをうけて、さきに掲げた国家行政組織法の新旧規定を対照してみれば明らかなように、その第二条第一項は、旧規定の「国家行政組織は……明確な範囲の所掌事務と権限を有する行政機関の全体によって、系統的に構成されなければならない」から、新規定の「国家行政組織は……明確な範囲の所掌事務を有する行政機関の全体によって、系統的に構成されなければならない」に変わった。行政機関から組織法上の権限が取り払われたのである。この改正をどのように評価するかはともかくとして、よもや、省庁間の縄張り争いがこの措置によって自動的に消滅すると考えるものはいないであろう。そもそも、近代の合理的組織編成の論理に従うならば、所掌事務・権限・責任は三位一体の関係にあるのであって、割り振られた所掌事務を遂行するために一定の権限が付与され、その権限の行使にともなう責任が課せられるのである。したがって、権限規定は責任追及のための媒介項として必須のものとしてとらえられなければならないはずのものである。行政組織にかぎらず、組織を権限の配分体系として概念化するのはそのためである。

さて、中央省庁における縄張り争いの代表例として、今でも折にふれ引き合いに出されるのが、一九八〇年代の初めから半ばにかけて、郵政省と通産省の間ではなばなしく展開された「VAN戦争」

である。[51] はたしてそれは、行政改革会議最終報告において「戦後型行政の問題点」とされる「各省庁の縦割りと、自らの所管領域には他省庁の口出しを許さぬという専権的・領土不可侵的所掌システムによる全体調整機能の不全」によって引き起こされたものであろうか。

VAN（Value-Added Network：付加価値通信網）をめぐる郵政・通産両省間の争いは、「第一次VAN戦争」と「第二次VAN戦争」に区別される。前者は、八一年暮れ、一〇年ぶりの公衆電気通信法の改正と「付加価値データ伝送業務」を規制対象としたいわゆるVAN法案の制定を郵政省が企てたのにたいして、通産省がそれに反対していずれもいったん流されてしまったもの、後者は、その法制化の失敗が決まってから二年を経た八四年春、第二種電気通信事業の法制化を焦点とする電気通信事業法案をめぐって両省間で闘われた争いを指す。「VAN戦争」の天王山をなすのは後者の約一ヵ月間であるが、その一年後の同法施行令の制定にいたる過程でも両省間の争いは再燃することになるので、そこまでふくめて「第二次VAN戦争」としてもよいであろう。

八〇年代前半の背景的状況を簡単にふりかえっておくと、まず第一に、郵政省に電気通信政策局が新設された翌年、わが国の通信政策上画期的な意義を有するとされる提言がまとめられていることに注目せざるをえない。八一年八月、郵政大臣の私的諮問委員会である電気通信政策懇談会から出された「八〇年代の電気通信政策のあり方」がそれである。付加価値通信サービスの分野に民間参入を促進する考え方がそこで初めて提言されたのである。明治以来、電気通信の一元的運営体制を保持してきたわが国の伝統的体制のもとで、そのことはやはり注目に値することであったにちがいない。これにつづいて八二年七月、電電公社の民営・分割化と基幹回線分野への新規参入の承認に踏みきった第二次臨時行政調査会の基本答申が打ち出され、大いに話題をよんだ。さらに翌年から翌々年にかけて、高度情報（化）社会にむけた電気通信システムの構築において、その全分野にわたる競争原理の導入をはかるべきだとする郵政省サイドの提言がつづくことになった。八三年八月の「電気通信システムの将来像に関する調査研究会」報告、八四年一月の電気通信審議会答申「二一世紀に至る電気通信の長期構想」が具体例である。

なお、「高度情報（化）社会」なる表現を用いたが、これは、福祉政策分野で老齢人口の増加に即して「高齢化社会から高齢社会へ」などと言われるのとは事情がいささか異なっている。「高度情報社会」なる表現が電気通信事業を所管する郵政省用語であるのにたいして、情報処理事業を所管する通産省サイドは「情報化」をキーワードとして「高度情報化社会」と呼ぶ。端的にいえば、「電気通信」対「情報処理」の対立である。旧国鉄でコンピュータによる特急券など指定券発売のための「みどりの窓口」が開設されたのは、東京オリンピックの翌年九月のことであり、そのころからすでにデータ通信時代に突入していたのだが、行政の対応はやや遅れ、公衆電気通信法の改正によりデータ通信にかんする規定が新設されたのは一九七一年のこと（第一次通信回線の自由化）、また、通産省設置法の所掌事務に「情報処理」の文言が挿入される契機ともなった情報処理促進法の旧法「情報処理振興事業協会等に関する法律」（ＩＰＡ法）の制定がその前年のことであった。

第一次ＶＡＮ戦争では、前記のとおり、公衆電気通信法の改正とＶＡＮ法案の制定をめざした郵政省の企図が通産省や産業界の反対によってついえる結果に終わったが、通産省側も、データ通信回線利用の自由化を一層推進しようという方向性自体について反対したわけではない。問題は、「付加価値データ伝送業務」を対象としたVAN法案が、許可制を骨子とした規制法案として策定されたところにあった。VAN業務がその新法によって規制されることになれば、情報処理産業の振興をはかる通産省としてはそれを黙過することができない。そこで、データ通信回線自由化を推進するためには公衆電気通信法の改正で足りるはずであるとして、新法の制定に真っ向から反対することになった。折しも、第二次臨調が許認可事務の合理化をはかる立場から通信回線利用の原則自由化を打ち出したため（八二年二月）、最後は自民党政調会長の裁断によって、郵政省は法案提出を断念せざるをえなくなってしまったのである（同年三月）。

ただし、郵政省の企図が無に帰したのではない。中小企業をユーザーとするVAN（中小企業VAN）にかぎっては、同年七月の行政改革関連一括法（行政事務の簡素合理化に伴う関係法律の整理及び適用対象の消滅等による法律の廃止に関する法律）にふくまれた公衆電気通信法の改正によって認められるようになり、対象を中小企業基本法に定める中小企業者に「当分の間」限定するための臨時暫定措置に関する郵政省令（第五五号）の制定を待って、一〇月下旬から実施されることになった。これが、七一年の自由化につづく「第二次通信回線の自由化」と呼ばれる措置である。

VAN法案をめぐる郵政・通産両省の対立は必然でもあった。それは基本的には、電気通信と情報処理の融合化がすでに歴然としてきていたにもかかわらず、省庁組織における縦割りの所管編成がそれにマッチしたものではなかったからである。しかし、そのことにくわえて、通信回線自由化にかんする政策判断の違いも大きかった。折衝にあたった郵政省幹部自らが失敗に終わった理由について、「行政改革の大きな流れを見失って、党（自民党）の行財政調査会を敵にまわしたこと」を挙げたという。(52) 通産省との対立もさることながら、臨調行革によって推し進められた民営化・規制緩和路線についての状況認識が第一次VAN戦争における郵政省の失敗を生みだしたという側面も否定することができないようである。

新法の制定を見送った郵政省は、電電公社の民営化を明確に打ち出した第二次臨調基本答申からしばらくして、公社民営化を前提にしたデータ通信回線のあり方についてあらためて真剣に取り組まざるをえない状況に立ちいたった。ひとつには、暫定措置としての郵政省令で認められた中小企業VANの数も増え、大資本系の系列企業が参入しはじめるにおよんで、否応なしに再度、新法制定にむけた挑戦に向かわざるをえなくなったからである。それだけではない。いよいよ公社民営化が本決まりになったとなれば、従前とはまったく異なる取り組みが求められて当然である。

再度の挑戦によって法制化された法律、それが日本電信電話株式会社法（NTT法）とセットになって八四年暮れに成立した電気通信事業法であり、翌年四月の施行にともない公衆電気通信法は廃止されることになった。もはや公衆電気通信法の手直しですますことはできなかったのである。衆参両議院での附帯決議に記された表現を借りるならば、「今次改革は明治以来一世紀余にわたる電気通信制度を抜本的に変革するものであり……来るべき高度情報社会の実現に向けて先導的役割を果たしうるものとならねばならない[53]」という性格を帯びていた。しかし、そうであるだけに、通信回線によって結ばれるコンピュータの関連事業を所管する通産省にとっても、それがすこぶる重要な法案であることはまちがいがなく、しかも第一次VAN戦争の経緯があったから、なおさらのこと郵政省の原案がどのようなものであるかに強い関心を払わざるをえない。

ところが、郵政省の最終案が固まるまでに思いのほか時間がかかってしまった。ほかでもない、NTT法案について目途が立たなければ、電気通信事業法案に取りかかれなかったからである。法案の骨子が関係省庁に示されたのは八四年二月、郵政省最終案を付した協議書が届いたのが三月初旬のことであり、それから国会への法案提出期限まで三週間ほどしか残されていなかった。法案骨子にたいする意見書の提出とそれにたいする反論の応酬を経て、郵政・通産両省間で逐条ごとの正式協議がおこなわれたのはそれからのことである。

電気通信事業法では、みずから電気通信回線設備を設置して電気通信サービスを提供する第一種電気通信事業と、第一種事業者から電気通信回線設備の提供を受けて電気通信サービスを提供する第二種電気通信事業の二種類が規定されているが、このうち政治問題化したのは後者の第二種電気通信事業にたいする規制のあり方である。第一種事業をおこなうのは民営化後の「新電電」（NTT）や先端企業グループによる「第二電電」等であり、そちらは郵政大臣の許可を要する許可制であって、外資比率が三分の一以上の外資系企業の参入は認められない。背後にある昔ながらの「通信主権」の考え方について異論がないわけではないが、自由化を主張する通産省としても、第一種事業にたいする規制まで争うつもりはない。

しかし、第二種事業についてはそうはいかない。問題の第二種は、特定の企業グループ間通信などを主たる対象とする一般第二種と、全国規模でVANサービスを提供する特別第二種の二つに分けられ、当初の郵政省案では、小規模VANをおこなう一般第二種は届出制、大規模VANをおこなう特別第二種にかんしては第一種と同じく許可制となっていた。しかも、特別第二種について、外資比率二分の一以上の企業の参入を禁止する外資規制規定が設けられていた。一般第二種の届出制についても、特別第二種の許可制についても、通産省側の考え方とはくい違っており、そもそも第二種にかんして一般と特別を区分すること自体に反対であった。また、外資規制にかんしては、かねて米国政府から公式ルートを通じて、電気通信分野での保護主義の先例となるおそれがあるので容認できないとする厳しい見解が伝達されていたし、通産省の意向にも反するものであった。さらに公正取引委員会からも、第二種についていっさいの規制を撤廃し、外資規制も撤廃すべきだという修正意見が提出されていた。

内外の意見表明をうけて郵政省は、外資規制にかんしては自民党議員の多数派の動向を反映して柔軟な姿勢をとることになったが、大規模VANを対象とする特別第二種の許可制については一歩もゆずろうとしなかった。その結果、郵政・通産両省の折衝は平行線をたどったまま、両省大臣による会談でも決着をつけることができず、やがて調整の舞台は自民党に移ることになった。政務調査会の正副会長会議が中心である。両省の担当局長からの事情聴取にはじまり、制度設計の詰めにさいしては内閣法制局の力も借りられたようである。最後は、法案提出期限が過ぎた四月初め、政調会長が中曾根首相の意向を確認して裁定案を両省に提示し、焦点となった特別第二種の扱いについて、「許可制に近い厳しい届出制」としての「登録制」とし、施行から三年以内の見直しをおこなうことで決着がつけられた。まさしく苦肉の策である。

だが、火種はまだ残っていた。ひとつには、一般第二種と特別第二種の間の「線引き」が政令にゆだねられたためである。法案はその時の通常国会で成立せず、つぎの臨時国会における参議院での一部修正を経て同年暮れに成立したが、それから翌八五年四月施行にむけて、施行令および同規則の整備を急がなければならなかった。これに関連したもうひとつの事情として、電気通信分野での日米経済摩擦が九月の日米ハイテク作業部会を機に表面化し、八五年一月初めにおこなわれたレーガン・中曾根会談で日本側の「市場開放」がうながされるという急な動きがあった。日米ハイテク作業部会のメンバーではなかった郵政省もにわかに事務次官をキャップとする対米経済問題対策委員会を設けて対応につとめたが、対米経済交渉となるとやはり通産省に分がある。その通産省サイドに立てば、前年九月以降の動きをうけて、一般第二種と特別第二種の区分についても再検討すべき状況の変化があったと考えて不思議はない。そこで通産省は独自案を策定し、郵政省を牽制する構えをみせるにおよんだ。

こうした通産省の行動は郵政省側を刺激せずにおかない。電気通信事業法案の成立を前に、参議院逓信委員会において附帯決議がつけられ、そのなかですでに「一二〇〇ビット換算五〇〇回線」を線引き基準とするようにと明示されているというのに、それを今さら通産省が主張するように、五〇〇回線をいっきょに一万回線に変更することなどできはしない。電気通信事業法の施行を目前にした三月、米商務次官と郵政事務次官の再協議がおこなわれ、その記者会見の席上、通産省側では国会の附帯決議などどうでも解釈できる旨の説明を米国にたいして説明していることが郵政事務次官から明らかにされたとの新聞報道があったことから、報道当日の衆議院逓信委員会では、その件について郵政大臣の所見が求められるという一幕があった。「まだ本人から聞いておりませんけれども……国会軽視の最たるものであろう、もしそういう事実があればまことに遺憾であると思います」[54]。これが左藤恵郵政大臣の答弁である。

かくて、四月一日公布の電気通信事業法施行令の第一条に定められた「特別第二種電気通信事業の電気通信設備の規模の基準」は、郵政省案どおり、「一二〇〇ビット換算五〇〇回線」と決まった。これにて一件落着である。

電気通信市場をめぐる日米摩擦を報じた米誌の『ビジネス・ウィーク』は、交渉に当たった米政府関係者のつぎのような証言を引いている。「真の闘いは日本人と米国人の闘いではない。これは郵政省と通産省との巨大な官僚機構の縄張り争い (gigantic bureaucratic turf fight) なのだ」。「われわれ米国人は両巨人の足下でキャンキャンほえる小さなテリア犬のようなもの。われわれのほうに注意をしばし引きつけることができれば、彼らは骨を投げてくれる」[55]。誇張がすぎる証言ではあるが、これほどまでに激しい省際摩擦の事例だったということであろう。

容器包装リサイクル法の成立

内閣府の設置による内閣機能の強化と省庁の大括り再編によって、はたしてどこまで官庁セクショナリズムの弊害を除去することができるのかどうか。いったい省庁間の争いはすべて、言われるような「自らの所管領域には他省庁の口出しを許さぬという専権的・領土不可侵的所掌システムによる全体調整機能の不全」によるものであるのだろうか。現実の事例を通してそのことを再確認するのが、ここでの主たる課題であった。

これまで取り上げた三つの事例のうち、環境アセスメント法制化の事例においてもVAN戦争の事例においても、ともに通産省によって果敢な「口出し」がくりかえされたこと、また、どちらも最終的には政権政党による政治的な決着にゆだねざるをえなかったことが目立っている。あるいは、この種の事例が相次ぐなかで官庁セクショナリズムの弊害がますます強く意識され、「全体調整機能の不全」をなんとか改善しなければならないという認識が広まっていったのかもしれない。

しかし、通産省ひとつを取り上げてみても、他省庁の所管領域にたいする「口出し」はめずらしいことではなく、一九八四年三月時点における新聞報道によれば、同省がからんだ「官庁摩擦」の相手はつぎのような九省庁にのぼるという(56)。①郵政省――電気通信事業法案、高度情報システムでの主導権争い（テレトピアとニューメディア・コミュニティ）。②文部省――ソフト保護（著作権法改正案とプログラム権法案）。③大蔵省――金融自由化問題、特殊関税での主導権争い。④科学技術庁――

バイオ技術、日本の技術力評価調査。⑤外務省——新ラウンドの主導権争い、日米武器技術供与問題。⑥建設省——住宅機材の品質保障制度、インテリア・デザイナー認定制度、テクノポリス。⑦運輸省——新都市交通システム、海外定期貨物航路の運賃問題。⑧農水省——農産物自由化問題、種子の特許認定問題、バイオ技術。⑨環境庁——湖沼法案。これぞ、通産省が「喧嘩官庁」と揶揄されたゆえんである。

霞が関の省庁間調整に永田町の政党や有力政治家を引っ張り出すことを避けようという暗黙のルールがあるようである。その暗黙のルールがどのようにして形成され、いつごろ定着したのかは定かではない。しかし、それが戦後政治におけるいわゆる政官関係の展開と関係するであろうことは容易に推測できよう。かつて大嶽秀夫は、一九五〇年代における兵器産業育成の過程と八〇年代初頭の防衛費増額をめぐる政治過程とを比較する文脈で、「日本の軍事産業と軍隊の特異な性格に、四半世紀後も依然として基本的な変化がないこと」を確認する一方で、その間において政官関係に大きな変動があったとし、「やや誇張していえば、単なる官庁間の対立は、今やそれぞれの官庁の主張を代弁する政治家同士の対立に席を譲りつつある」との観察を提示したことがある。(57)「官高党低」から「党高官低」へ、あるいは「政高党低」から「党高政低」への転換にともなう変容である。さきの暗黙のルールが省庁間調整における行為規範として内閣レベルにおいてあらためて明示化されるにいたったのは、どうやら、そうした政官関係の変容が現出してしばらくたってからのようである。伝えられるところによれば、一九八五年初頭の事務次官会議において、居並ぶ各省庁次官にたいして政府首脳から「役所同士のもめごとは役所間で解決し、党（自民党）へは持ち込まないように」との要請があったという。[58] 政官関係の変容を現出させた「族議員」の跋扈によって政策過程における「全体調整機能の不全」がかえって顕著になったために、関係省庁の自主規制が求められたということであろうか。

さて、「喧嘩官庁」たる通産省は、さきの中央省庁等改革では通商産業省から経済産業省へと名称を変えながらも、ほとんど無傷のままの存続が決まった。その旧通産省がやはり積極的な「口出し」をしつつも、政権政党に下駄を預けることなく、内閣官房の調整力の発揮によって解決がもたらされた事例として、九〇年代に入ってからの容器包装リサイクル法案の制定過程に注目しよう。[59]

一般に容器包装リサイクル法の名称で呼ばれる五省庁共管の「容器包装に係る分別収集及び再商品化の促進等に関する法律」が成立したのは一九九五年六月のこと、その本格的実施は二年後の九七年四月のことである。九〇年代に入ってまもなく、通称リサイクル法（再生資源の利用の促進に関する法律）と改正廃掃法（廃棄物の処理及び清掃に関する法律の全文改正）のいわゆる「ごみ二法」が制定され、かねてから各方面で指摘されていたごみ処理とリサイクルをめぐる法の不備が是正され、廃棄物の発生抑制や適正処理がはかられるようになった。前者の施行が九一年一〇月であり、後者の施行が翌九二年七月であった。それから容器包装リサイクル法の制定まで、わずか三―四年しかたっていない。

いかなる政策であれ、法律の制定をもって終結ということにはならない。施行令や施行規則の制定が必要であることはいうまでもないが、それとて同じことである。法令の施行過程において解決を要する個別の具体的問題が発生するからである。実施過程を除いて政策過程が成り立たないゆえんもそこにある。施行されたとたん法令の不備や限界が明らかになる事例もめずらしいことではない。「ごみ二法」の場合もそうであった。

七省庁の共管によるリサイクル法が施行されてから、いち早く新しい課題についての検討に着手したのは環境庁であった。「リサイクルのための経済的手法検討会」の設置（一九九二年三月）がその徴表である。リサイクル法の制定過程でも同庁は早い段階で「環境保全のための循環型社会システム検討会」を立ち上げ（一九九〇年七月）、他省にやや先行する形で法案大綱の作成に取りかかった。当初から、環境庁の単独法案として立法作業を進めるのは困難視されていたようであるが、他省との連携もうまくいかず、環境庁の法案大綱が公表された当日には、通産省のイニシアティブで農水省と建設省がくわわった三省原案が明らかにされた。大蔵省、運輸省、厚生省も三省側についた。こうなっては環境庁としても自案に固執することはできない。そこで三省原案の修正をはかるための省庁折衝に入ることになったが、環境庁を共管省庁のメンバーにくわえることには通産省側が難色を示したようである。リサイクル法の施行後まもなく環境庁が経済的手法の検討に取りかかったのには、このような経緯があったのである。

その環境庁に劣らず、厚生省も早い立ち上がりを見せている。すなわち、生活環境審議会廃棄物処理部会の廃棄物減量化・再利用専門委員会が社会経済システムの中にリサイクル促進のための経済的インセンティブを組み入れることを提唱した（九二年五月）のをうけて、省内に「経済的手法の活用による廃棄物減量化研究会」を設け検討を開始していた。そのためか、同省は環境庁の経済的手法検討会の報告（九三年七月）にはほとんど目立った関心を示すことなく、両省庁が連携して他省をリードする可能性は早くもついえてしまった。リサイクル法のときにつづいて環境庁の検討会の座長をつとめ、生活環境審議会専門委員会および厚生省内に設置された研究会のメンバーでもあった寄本勝美が記すところによれば、「環境庁の中には、厚生省が本件に関して環境庁と手を組みさえすれば、何とか通産省に対抗しうる力となると期待感を抱いていた担当者もいたのであったが、厚生省の反応は冷たく、それどころか同省は、のちに他ならぬ通産省と連合してリサイクル新法の成立に全力をあげることになった」[60]。

厚生省が連合形成の相手とした通産省の場合はどうか。環境庁、厚生省にやや遅れをとったが、同省は、リサイクル法の施行過程で容器包装についても再資源化のガイドラインを関連業界団体に示すなど積極的な姿勢をみせており、やがて同省主管の産業構造審議会廃棄物処理・再資源化部会に「今後の我が国の廃棄物処理・リサイクルシステムの在り方について」を諮問することになった（九三年九月）。その意見具申がまとめられたのは翌年の七月であり、厚生省主管の生活環境審議会専門委員会による報告（九四年一〇月）がまとめられたのよりも若干早かった。寄本が得た厚生省関係者からの証言では、「新法制定への前向きの姿勢や活動については通産省に先行させ、これによって、厚生省が一歩遅ればせながらも明らかにする提案を通産省が拒否するのを難しくする」という作戦だったという[61]。産構審・再資源化部会の意見具申を取りまとめる過程でも厚生省との情報交換や協議がなされていたようであり、すでに厚生・通産両省の接近は事実上開始されていたのである。

このころになると、容器包装リサイクルの仕組みとして、「市町村による分別収集、事業者による引き取りと再生利用」方式とする基本線についてはおおむね合意が形成されており、環境庁が策定を進めていた環境基本法にもとづく環境基本計画でもその方針が採りいれられていた。そのもとで厚生・通産両省間で関係課長の合同連絡会が開催されるなど、省壁を超えた協力体制の構築がおこなわれたのだが、そこから直ちに新しい法案の共同作成へと向かったわけではない。新法の対象品目をめぐって両省間にかなり厳しい対立があったのである。具体的には廃プラスチックの取り扱いが最大の争点となり、通産省がペットボトル以外のプラスチック容器包装を当面は適用除外にすべきだとしたのにたいして、厚生省は原則としてすべての容器包装を対象とすべきであるという立場から反論をくわえた。牛乳パックなどを除く紙製の容器包装についても対立があった。しかし、対象品目をめぐる両省の対立は、廃プラスチックなどの処理技術の開発と実用化に要する猶予期間を五年間見込むことで妥協にこぎつけることができ、決裂による法制化の挫折をもたらすほどにはいたらなかった。両省の合意による新法案の骨子が新聞各紙で大きく報道されたのは、九五年三月一日のことである。

ところが、その直後から、思わぬ展開が始まった。法案骨子が提示されれば各省庁はそれにたいする意見書の提出をおこなうことになるが、なかでも農水省の対応が人々の目を惹いた。「紙爆弾」と称される質問攻勢に出たのである。三月三日には一三五項目、その一週間後には一八五項目と連射し、合計四五五項目もの質問を送りつけたという。(62) そして、厚生・通産両省の法案大綱にたいしては、自省の法案大綱を発表して正面からいわば闘いを挑む姿勢をみせるにおよんだ。この農水省による厚生・通産連合にたいする反撃はにわかに始まったものではなく、前年末ころから用意されていたようである。それにしても、同じ政策事案で二つの法案大綱が作られる事態は当たり前のことではない。まさに、「閣内不統一」を象徴する出来事である。

農水省が独自の法案大綱を作成するにいたったのは、厚生・通産両省の連合形成にたいする反発のゆえではなかった。前記の容器包装リサイクルの仕組みにかんする基本線に異議があったからである。すなわち、厚生・通産案が「市町村による分別収集、事業者による引き取りと再生利用」を基本線としたのにたいして、農水案では「分別収集、再生利用ともに市町村」となっていた。市町村が再生利用まで分担するといっても、みずから古紙や空き缶の再生利用をおこなうのではなく、分別収集したあとにそれぞれの利用メーカーに引き取らせて売却するまでの業務を指している。コスト負担については、再生利用費用の一部か全部を事業者が負担するというものである。これは、両省案によると、ビールやジュースなど農水省主管の中身製造（飲料・食品）メーカーだけが負担を求められ、通産省など他省の主管下にある容器・素材メーカーは負担を免れることになってしまい、産業分野間で不公平が生ずるだけでなく、自治体の負担にくらべて企業負担が軽くなるという不公平も生ずるので、その双方を是正しなければならないという考えにもとづいていた。そのほかに、民間法人として新設される指定機関の役割にかんしても意見の相違があった。

厚生・通産両省案と農水省案ではこのように大きな相違点があったから、農水省としてもおいそれと厚生・通産両省との協議に応ずることはできない。通常国会の開催時期が九二年から一月となり、それにともなって法案提出期限は四月下旬となっていたが、このままでは期限切れとなってしまう。だがその一方で、厚生・通産連合による関係団体への働きかけが功を奏したのか、マスコミの論調も新リサイクル法制定に傾いており、農水省の非妥協的態度で挫折となると同省にたいして非難が集中することは避けられない。こうして三月下旬になってやっと双方の直接協議が開始されることになった。

しかし、直接協議も難航した。室長・課長レベルでの協議を中心にしながら、問題によっては審議官・局長・官房長レベルに折衝を持ち上げ、ときには次官折衝におよんだが、合意形成は容易ではなかった。なかでも難航したのが、引き取り・再生利用の義務を負う事業者の範囲についてであり、容器・素材メーカーをふくめることを求める農水省にたいして通産省が抵抗し、三省の担当者のほとんどが通常国会での成立をあきらめるところまで追いこまれてしまった。

ここでいよいよ内閣官房の出番である。これが自民党単独政権時代であれば、党の政策調査会や党三役に政治的調整がゆだねられることになるのが通例であったが、そうはならなかった。四月一三日午後、三省の担当局長が内閣内政審議室長を訪ねて指示をあおいだあと、翌々日には、三省にたいして「絶対にまとめよ」との官邸の意思が伝えられ、さらにその翌日には、三省次官が新任の内閣官房副長官（古川貞二郎）に呼ばれ、「容器メーカーを事業者にくわえる方向でまとめよ」の指示が下った。事態は急転。翌日から三日間で三省担当者は最終的な詰めをおこない、いっきに第一三二回国会での法案成立に向かうにいたったのであった。

この事例を丹念に追跡した久保はるかが指摘するように、「できあがった新しいリサイクル・システムは、縦割り行政を反映し、対立に始まり妥協におわる一連のプロセスの産物であったといえる」[63]。そのことは多くの事例に共通している。むしろ、この事例に特徴的であるのは妥協の仕方、対立についての決着のつけ方であった。一事例から一般的命題を引き出すことはできないにせよ、「官庁間の対立は……それぞれの官庁の主張を代弁する政治家同士の対立に席を譲りつつある」といった八〇年代初めに指摘された傾向もまた、ひとつの「時代の産物」にすぎなかったことを物語っているのではあるまいか。

容器包装リサイクル法が本格的に実施された年の一二月、本節のはじめに引いた行政改革会議最終報告がまとめられた。その最終報告で提示された「戦後型行政の問題点」にかんする診断も、それにもとづく改革の処方箋もまた、当時の時代的制約を免れるものではなく、それゆえにわが国に伝統的な官庁セクショナリズムに普遍的に妥当するものではないのである。

Ⅲ章 セクショナリズムの組織過程

1 縦割り組織編成の桎梏

行政組織の編成に由来する「縦割り行政」の弊害はもはや明々白々のことのように一般に認識されている。そして、それにたいする批判は、ほとんどセクショナリズム批判とオーバーラップしているように見受けられる。

その縦割り行政をもたらしている最たるもの、それが中央省庁の編成にほかならない。省庁の縦割り編成は、よく知られているとおり、政党の政務調査会等の部会構成やそこに集結する議員集団の編成に連動する。さらに、行政が対象とする各社会セクターに形成される業界団体と結びつき、そこに政・官・業の三つどもえによる「鉄のトライアングル」が出来上がる。そこから、いわゆる「癒着・利権構造」の源泉は縦割り行政の仕組みとしての省庁組織の編成にあり、とする認識が形成されることになる。

すでに指摘したように、「官庁セクショナリズム」をめぐる政治過程について、この種の単純化された構図にもとづく認識が優勢となり影響力をもつようになったのは、第一次臨調答申が出た六〇年代からのことであった。前章で取り上げた事例をみても、挫折を重ねた環境アセスメント法案、第一次・第二次ＶＡＮ戦争の展開、そして容器包装リサイクル法の制定過程と、どれもこれも、政・官・業の三つどもえによる「鉄のトライアングル」の存在を見てとることができる。

そうした文脈とは別に、国・地方の政府間関係においても縦割り行政の弊害がしばしば指摘される。これについても第一次臨調答申にそって言及したように、中央省庁におけるセクショナリズムが中央・地方を貫く縦割り行政の硬直化を助長し、地方自治体を巻き込んで拡大再生産されていることに注意がうながされ、そのことが総合行政の主体としての地方自治体の自律性を損なう結果を招いているという指摘がそれである。

地方自治体との関係については付随的にしか言及してこなかったが、これはけっしてそれを軽視したからではない。ひとつの便宜的理由が対象の限定によることは序章でふれたとおりである。中央省庁におけるセクショナリズムが地方自治体を巻きこんで拡大再生産された事例としてよく知られるものに、各時代における地域開発や地域振興関連の国家プロジェクトがある。六〇年代後半の新産業都市建設をめぐる事例は今でも有名であるし、八〇年代のリゾート法にもとづく開発事例もそれと同様であった。新しい事例としてはＩＴインフラ整備による情報都市づくりの各種事業が挙げられよう。

このような次第であるから、「霞ヶ関大改革」を標榜した世紀末の行政改革において中央省庁再編が中心課題とされたのも当然のことであった。いや、「橋本行革」の舞台としての行政改革会議だけでなく、第二次石油ショック後の第二次臨調においても、また行革会議に数年さきだって世紀転換期の改革を強く意識した第三次行革審（臨時行政改革推進審議会）においても、省庁再編は共通の課題とされていた。思えばその課題設定は、戦前から戦後への憲法体制の転換にもかかわらず、「変えようとして変えられなかった組織機制の根強さ」をなんとか克服しようというあがき以外の何物でもなかったのかもしれない。どうだろうか。

部省編成の錬金術

セクショナリズムの歴史過程について論じたさいに、明治以来の各省分立体制が戦後も継承されたことをひとまず措いてしまえば、行政組織編成において各省が分立していることは少しも不思議なことではないと記した。自治体行政組織はもちろんのこと、それは組織体一般に普遍的に見られる部門管理の態様なのであって、人間協働の仕組みとしての組織を生み出す分業原理の現れにほかならない。

そのレベルを問わず、政府の一般行政組織はコングロマリットとしての様相を呈している。私たちの生活や生涯にかかわる雑多な法規と行政活動をふくみこんでおり、なかには相対立するような目的を掲げた法律やそれにもとづく活動もある。だから、それらを単一の部門ですべて処理するようなことができるはずもない。それならば、どのような部門編成をおこなったらよいのか。合理的な編成原理はどのようなものなのか。これが古典的組織理論でおなじみの部門編成（departmentalization）の基準、行政組織における部省編成原理の問題である。[1]

F・W・テイラーの科学的管理法から説き起こされるのが通例の古典的組織理論では、どんな組織体にも適用可能な「唯一最善の方法」が探求され、組織管理の実践に役立つ各種の原理・原則を抽出することが課題とされていた。しかし、その原理アプローチにたいしてはH・A・サイモンなどから手厳しい批判があびせかけられ、原理・原則といっても一種の「ことわざ」にすぎないと喝破されるようになっていった。ところが、それにもかかわらず、実務の世界では、ことわざがことわざであるがゆえに、たとえ一方のことわざと矛盾する他方のことわざがあったとしても、それだけでナンセンスだということにはならない。ことわざにかかわる科学的な処方箋が明示され、その効用がひろく社会的に承認されていればともかくとして、そうでもないかぎり実務経験に依拠した実践的指針を無下に否定することなどできはしないからである。

行政組織の部省編成原理にしても同じである。古典的組織理論との結合によって確立された伝統的な行政管理理論の代表者、L・H・ギューリックの部省編成論がよく知られている。それは、F・ルーズヴェルト大統領がニューディール期に設置した「行政管理に関する大統領諮問委員会」のメンバーとして用意された覚書（メモランダム）「組織理論に関するノート」において提示されたものであり、主要な管理職能を示した有名なPOSDCORB論と並んで、当時の行政管理理論のエッセンスをなすものと受けとめられている。[2] 主要な編成類型として、①主要目的、②主要過程、③顧客もしくは対象事物（素材）、④地域の四基準にもとづく組織編成が挙げられる。あるいは②の表現が多少分かりにくいかもしれない。ここでいう「過程」とは、インプットをアウトプットに変換するプロセスのことであって、技術的方法、手順などを指している。POSDCORBの造語に集約される計画・人事・調整・予算などの管理機能もここに入れて差しつかえない。

さて、ギューリックが挙げた四つの部省編成原理をどのように受けとめるか、それを問題としなければならない。行政組織の主要編成基準として古くから採用されているのが①主要目的であることはいうまでもない。各省の所掌事務を包括する任務規定を一覧すれば明らかなように、なんらかの実現すべき主要目的があって、それを実現するための組織が必要となる。行政組織で最も包括的な目的とされるのは「公共の福祉」といった高度に抽象的な価値であり、その実現をめざして各省の任務規定に見られるような主要目的が列挙される。そして各省が任務とする目的を実現するために各省組織が編成され、その内部組織や外局などが整えられる。これが合理的組織編成の要にある「機能化（functionalization）の原理」の要請である。したがって、ここにいう「機能化」とは、サイモンが端的に指摘したとおり、「組織目的を従属的な諸目的へと分解することを意味する」のであり、それによって「機能と目的の階統制」が成立する。[3] 行政組織は、何よりも「なされるべき仕事」の体系でなければならないと観念されるゆえんである。

このかぎりでは、ギューリックは古典的組織理論の忠実な守護者である。そればかりではない。学問の世界でたとえ古典的組織理論が過去の遺物になってしまおうとも、実務の世界ではそれが現になお有効な理論でありうる。すでに国家行政組織法の規定を引用して理念と実態の乖離を指摘したように（第Ⅱ章第2節）、「国家行政組織は、内閣の統轄の下に、内閣府の組織とともに、任務及びこれを達成するため必要となる明確な範囲の所掌事務を有する行政機関の全体によって、系統的に構成されなければならない」（国家行政組織法第二条第一項）のであって、そこにおいては歴然と「機能と目的の階統制」が成立するものと前提視されているのである。

だがしかし、ギューリックの部省編成論の主眼はそこにあったのではない。「行政学徒は、ちょうど錬金術者が賢者の石を探し求めたように、長い間、効果的な部省編成の単一原理を求めてきた。しかしながら、その努力はむなしいものであった。一つの最も効果的な部省編成システムなどがありえないことは明らかである[4]」。彼が部省編成にかんする先行業績を挙げて、このようにコメントしていることこそが重要である。もはや、部省編成にかんする「唯一最善の方法」などはありえない。したがって、①主要目的の編成基準の優位性を主張するところに力点があるのではない。彼によれば、①の基準にもとづく編成は垂直的となり、②④の基準にもとづく編成は水平的になる。③のうち顧客基準による場合は前者に、また素材基準による場合は後者に接近する。おのおの利害得失があるが、いずれの編成基準によろうと、どれもこれも他のものと密接に関連しており、「これら相互に関係しあった諸原理の導入にかんして、優先順位を決めるための最も効果的なパターンなどは存在しないと言わねばならない」。なぜなら、組織は「生きたダイナミックな実体」であって、その活動は生成・発展・安定・衰退という各局面によって異なるがゆえに、ある段階で妥当な原理も他の段階では不適切なものとなるからである。したがって部省編成パターンを決めるには、編成時期、技術的発展の度合、事業体の規模などの諸要因を勘案しなければならない[5]。ギューリックの部省編成論に従うとなれば、こういうことになるはずである。

橋本行革・中央省庁再編の検証

学問の世界と実務の世界では異なる評価規準や行為規準が採られることがしばしばである。行政組織における部省編成原理などもその一例であろう。しかし、ギューリックの部省編成論の扱い方となると、そこにとどまらない。彼はまさしく現実の行政改革に役立つ実践的指針を求めて過去の部省編成論を点検し、そのうえで錬金術における「賢者の石」はもはや存在しないのだという「無結論的」結論を導き出したのだが、少なくともその努力は、学界のみならず実務界でもほとんど顧みられることがなかった。それどころか実務界においては、彼の主張に逆らって、主要目的を編成基準とする部省編成こそが「唯一最善の方法」だとする言説がいぜんとして幅を利かせているかのようである。

中央省庁の編成についていえば、規格法もしくは基準法たる国家行政組織法が「機能と目的の階統制」の成立を公理的前提としている以上、それもまたやむをえないことと言わなければならないのかもしれない。事柄は単に技術的便宜の問題ではなく、公権力の行使を拘束する統治ルールの問題だからである。そこでは、誰のため、どこの地域に、どんな技術的方法を用いて、といった基準もすべて「何のため」に転釈し、その意味において目的化しうるのであり、逆にいえば、それらは「公共の福祉」の実現をはかる「目的の階統制」の中に位置づけられてはじめて政治的に正当化することが可能となる。むしろ、そのことが予定されているといってよい(6)。

ともかく、部省編成原理の中での主要目的基準の優位性は、それに疑義を呈したギューリックの主張にもかかわらず、またギューリックの立論にたいするサイモンなどの批判にもかかわらず、さほど動揺することがなかった。わが国のさきの中央省庁再編は、そのことを確認するうえで最適例である。前章ですでに指摘したとおり、橋本内閣のもとでまとめられた再編案は、まさに自覚的に「国家行政機能・目的の再分類を行い、これをもとに、中央省庁を行政機能・目的別に編成することとし」たものにほかならなかったのである。また、同様な企てが戦後の独立時における省庁再編過程でみられたことについても具体例を挙げて指摘したが、そのとき政令諮問委員会の答申をうけて「一府九省案」をまとめるのに尽力したのは、橋本首相の父、橋本龍伍行政管理庁長官であった。奇しくも親子でそろって主要機能・目的別編成の先導役をつとめたことになる。あらためて、一九九六年一一月末から翌年一二月初めまでの約一年間の行政改革会議における審議過程のうち、「大括り」の省庁再編案がまとめられる段階までを簡単にふりかえっておこう(7)。

橋本首相みずからが主宰した行政改革会議は、初回の会合において三つの主要な検討課題を確認するところからスタートすることになった。すなわち、第一に「二一世紀における国家機能の在り方」、第二に「それを踏まえた中央省庁再編の在り方」、そして第三に「官邸機能の強化のための具体的方策」である。それらは、当日の首相あいさつの中でそのままの形で提示され、それをうけて行革会議自体の主要検討課題とすることが確認されたものである。これら三つの主要検討課題は翌日の第一三九回国会所信表明演説でもくりかえされ、そこではさらに第一課題の国家機能のあり方について、①外交、防衛、治安、財政など国家存続のための機能、②経済と産業、国土の保全・開発、科学技術など国富を拡大する機能、③社会福祉、雇用、環境など国民生活を保障する機能、および④教育や国民文化を醸成、伝承する機能の四つの機能に分けて検討することを提案したことが説明されている。(8) この「国家の大機能」分類が、省庁再編案作成のベースとして使われた「橋本四分類」にほかならない。

まず、三つの主要検討課題の配列に目を向けてほしい。第一の課題につづいて第二の課題が「それを踏まえた」ものとなっていること、そのつぎに内閣府の新設に結実した第三の課題が設定されていることの二点がさしあたっての注目点である。ちなみに中間報告および最終報告の構成では、最初の「行政改革の理念と目標」につづいて「内閣機能の強化」が取り上げられ、三番目に「省庁の再編」(中間報告)もしくは「新たな中央省庁の在り方」(最終報告)が配置されている。なるほど、政治主導の確立という観点からすれば「内閣機能の強化」が優先項目となるのは理にかなっている。けれども、それがいかに政治的なねらいにもとづくものであれ、行革会議の設置に踏みきった当事者の問題関心とそれをうけた会議の審議過程に即していえば、まず中央省庁の再編であり、ついで内閣機能の強化という順序である。ここでも行革会議の初会合および翌日の国会所信表明演説から、それぞれ関連する一節を引いておこう。「私は、行政改革の検討に当たって、まず、将来求められる国家・行政の機能を根本的に問い直すことが重要と考えており、その上で、複雑多岐にわたる行政課題に縦割行政の弊害を超えて国民本位で的確かつ効率的に対応できる組織体制を作り上げなければならないと考えております」。あるいはまた、「中央省庁の再編は、行政機構の単なる再分類ではありません。現在の政府の業務を当然のものとすることなく、国家が直接関与すべき業務の範囲はどこまでかを十分に吟味し、政策の遂行にもっともふさわしい省庁体制をつくり上げなければなりません」[9]。こういう次第である。

それでは、国家機能にかんする「橋本四分類」は、行革会議が「大括り」の省庁再編案を作成する過程でどのような取り扱いをうけたのだろうか。各界有識者の意見聴取、五都市で開催された「一日行政改革会議」、各省庁ヒアリングなどを経て、発足から半年後の九七年五月末には、企画・制度問題小委員会（主査佐藤孝治委員）と機構問題小委員会（主査藤田宙靖委員）が設置され、国家機能論を踏まえた省庁再編案の作成は後者の機構問題小委員会が担当することになった。事務局でも「橋本四分類」をベースにした討議資料「国家機能と行政目的の整理」（未定稿）が作成されているが、それと並んで小委員会の審議を進めるうえで重要な役割を果たしたのが、七月中三度にわたって藤田主査から提出された「省庁再編案作成に向けての覚え書き」であった。最初の覚え書きの中には、「さしあたり、「橋本四分類」をベースとするが、これを金科玉条とはしない」との文言も見える[10]。事実、右の事務局作成の討議資料では、「橋本四分類」の①「国家存続のための機能」の中に配置された財政が②「国富を拡大する機能」に、その②の中の科学技術が④「教育や国民文化を醸成、伝承する機能」に移されている。

やや長くなるが、行革会議において国家機能論からスタートしたことの意義とそれを踏まえた省庁再編論への展開の経緯について、中間報告から直接引用しておくことにしよう。「行政改革会議においては、その議論の当初より、二一世紀において国家行政が担うべき機能は何かを明らかにした上で、それに基づき省庁再編案を作成することが課題とされてきた。このように、あるべき国家機能についての議論を出発点とすることによって、今回の省庁再編がもつ意義、とりわけ具体的には、国家行政の減量と、いわゆる縦割り行政の弊害の排除（いわゆる省庁の「大括り」）ということの意義が、明らかにされてきたのである。／この国家機能論については、七月における審議を通じて、橋本総理による国家機能の四分類を出発点とし、さらにそれを詳細化した国家行政機能・目的の再分類を行い、これをもとに、中央省庁を行政機能・目的別に編成することが合意され、これらの諸機能の間の共通性及び相反性等を考慮して、省庁再編案の基盤となる機能別グループを抽出する作業が行われた。この結果に加え、さらに組織論上考慮すべき問題点を洗い出し、これらの総合の上に具体的な省庁再編のあり方を探ることが試みられたのが、八月一八日から二一日にかけての集中審議である[11]」。

行革会議の設置形式から運営形式まで、それまでの行革推進機関とくらべると異例ずくめであったが、右の一節の最後にふれられている真夏の都心ホテルでの、四日間にわたる集中審議もそのひとつであった。御厨貴の巧みな表現を借りるならば、「朝まで生テレビ型」の演出法によって、マスコミの目を「正体不明」の機関の一挙一動にくぎづけにすることに成功したのである[12]。

縦割り組織の調整方式

行政組織の機能・目的別編成は、まさしく縦割り組織編成そのものにほかならない。主要目的基準以外の基準を適用しても、「機能と目的の階統制」の成立を公理的前提にした場合、その結果に変わりはない。さきに述べたとおり、どの基準も目的基準に転釈して政治的に正当化しうるものだからである。

さて、そうした機能・目的別の縦割り組織編成において、組織単位間の調整はどのようにはかられるのだろうか。その調整メカニズムがうまく作動すれば、やっかいな組織紛争がもちあがることもない。縦割り行政の弊害が表面化することもないであろう。かつてマーチ＝サイモンは、「機能と目的の階統制」に固執した古典的組織理論においては、調整の問題は欠落していたと喝破したことがあるが、それは、既述した「機能化の原理」の要請に忠実に従って編成される組織の公式モデルのうえのことであって、狭義の組織編成問題にくわえて組織体の経営や管理を論ずる文脈となれば、調整の問題を度外視してすますことなどできはしない。

組織体の政策形成と決定にかかわる「経営」といわゆる人間的要因への配慮を欠かせない「管理」とを、合理的な職務配分をおこなうための「組織」を媒介項として結びつけた管理組織の伝統的理論において、階統制の機構モデルは組織編成のモデルであるだけでなく、同時に調整様式のモデルでもあった。ギューリックの組織理論が行政管理論の代表例でもあることを想起されたい。

ごく概括的にいうならば、つぎのようになる。すなわち、「最終責任」を問われる最高権限の主体を頂点として階統制状に張りめぐらされた権限・責任・機能（職務）の三位一体的な階層連鎖を通じて、自分より下位の分岐単位を有する各レベルの結節ポイントに何ほどかの調整権限がゆだねられ、下位単位間において権限・責任・機能の重複や競合によって紛争が生じたときには、「直近の共通の上司」が位置する階統制レベルにおいてその調整をはかることが原則となる。もちろんこれは原則であるから、当然にその例外もある。紛争当事者相互にとっての「共通の上司」が彼らから相当に離れていていくつもの階梯を経なければならない場合には、彼らの了解を前提にして当事者相互が「直接的な関係に入る権限」を与えられる。これがH・ファヨールの一大発見としてもてはやされた「架橋(passerelle, gangplank)」の原理である[13]。

これですめば、なんの不都合も発生しないかのようである。しかし現実には、そんなことはありえない。なぜなのか。今から四〇年前の第一次臨調答申にいわく、「一つの行政対象が多面的な側面を持ち、これに対してある一つの行政を行なうのに多角的な検討を加える必要のある場合が生ずるのは当然である。また、ある特別の目的基準によって分割された業務分担が、他の目的によって分割された業務分担とその業務の対象等において重複し、あるいは業務が相互に接触関連し合うこともまた当然である。それゆえ、一般論としていえば、組織による仕事の分割分担は、当然に、いわゆる共管競合現象を伴うものであり、仕事の分割の仕方、すなわち事務配分の仕方の面で共管競合現象をすべて解消し去ることはできないといってよい[14]」。このような次第である。

くりかえし古証文を持ち出して恐縮であるが、前章（第1節）で指摘したとおり、第一次臨調の診断は今もって参考になるところが多いのでご容赦いただきたい。その診断によれば、「共管競合による不都合の発生には、多くのケースに共通した次のような一般的原因が認められる」という[15]。

(1) 各行政機関において、他機関と関連する業務についての相互間の連絡・調整の仕組みが欠けているか、ないしはその運用が未熟であること。

(2) 各行政機関の事務当局は、いずれも当事者段階で調整しがたい事案をそれぞれの上位段階に持ち上げて解決をはかることに消極的または不慣れであること。さらに各省事務当局は、内閣の補助部局が弱体であることもあって、競合等の事案を行政における最上位の調整機関である内閣に上げて調整をはかろうとする意向に乏しいこと。

(3) 各行政機関がセクショナリズムや権限意識にとらわれて、国民の利便増進や行政効果発揮のための相互の連絡調整に十分な考慮をはらおうとしないこと。

これら三つの一般的原因のなかでとくに重視されたのが(3)であり、ここで「行政官の姿勢の問題」が焦点化される。それは、ギューリックが「組織による調整」の限界を乗り越えようとして「観念(ideas)による調整」の重要性を説いたことと共通するところがある。しかし、それ以上にこの点を問題にすると論旨の逸脱を招くおそれが多分にあるので、のちに終章であらためて言及することにしたい。いずれにせよここでは、機能・目的別の縦割り組織編成において、調整メカニズムの整備がことのほか重要であると認識されていることを確認できればそれでよい。

だがしかし、これだけであるとあまりに一般的にすぎて、わざわざ確認するまでもないことと思えるかもしれない。たしかに、そうともいえる。各省庁間の対立に対処するにはどのような調整機構が必要なのか、この問題それ自体は戦前から引き継いだおなじみの問題にほかならない。たとえば、明治国家の形成期からつづいた「内務省による平和」が急速な変容をとげる契機ともなった加藤高明護憲三派内閣における行政調査会設置の事例（第I章第1節）、あるいは、昭和戦中期を中心として具体化した「国策統合機関」の事例（同第2節）などを想い起こしてみればよい。総理直属の諮問機関や企画調整機関の設置はけっして戦後になって初めて登場したものではなく、言ってみれば、すっかり手垢がついた問題のひとつなのである。

ところで、戦後においてこの問題は長らく「総合調整」の問題として論じられてきた。そして、国家行政組織においてその総合調整機能を効果的に果たすことが期待されたのが、旧総理府傘下に相次いで設置された「大臣庁」の制度であった。さきの中央省庁等改革との関連でその大臣庁制度が重要であることはあとでふれるとおりであるが、ここでは省庁間調整機構の具体的事例として、第一次臨調答申から七年後に発足した環境庁の設立経緯に即して、右の総合調整問題への取り組みをみておくことにしよう。[16] そこには古いだけでなく、調整方式にかんする新しい着想からの取り組みもまた見られることを知っておいていただきたいからである。

今や一〇省のうちのひとつになった環境省の前身、環境庁が「公害行政の一元化」を求める広範な世論を背景に右の大臣庁としてスタートを切ったのは、長期政権を誇った佐藤栄作内閣の終盤、一九七一年七月のことであった。高度経済成長に追われてきたわが国にとって、環境庁の設置は時代の転換を思わせる象徴的な出来事であったが、当然のことながら、そこにいたるまでには前史があった。

旧通産・厚生両省にそれぞれ産業公害課と公害課が設けられ、総理府に関係省庁の事務次官からなる「公害対策推進連絡会議」が置かれたのは、第一臨調答申が出されたのと同じく、東京オリンピック開催の年のことである。それ以前の調整方式は、水質保全法のように経済企画庁の調整機能を期待したものや、煤煙規制法のように厚生・通産両省の「完全共管」という方式によるものなどさまざまであったが、関係省庁の推進連絡会議が設置された翌年には公害審議会の答申がまとめられ、そこにおいて「公害行政に関する基本的方針を最終的に方向づけることのできる……強力な決断力と推進力を担う機構」の設置が望ましいとされている。

ほどなく公害対策基本法案の作成に取りかかった厚生省は、総合的公害行政機関の具体的構想として、国務大臣を長とする行政委員会方式（公害防止委員会）を法案要綱案の段階で提言することになった。しかしこの構想は関係省庁の推進連絡会議で大幅に変更され、結局は、内閣総理大臣を長とし、外務・防衛・行管・郵政の四大臣を除いた各省庁大臣からなる「公害対策会議」を総理府に設置することで落ち着いた。その対策会議の下部機構には関係省庁の事務次官によって構成される幹事会および担当課長連絡会議が置かれているが、これでは総合的公害行政機関どころではなく、関係閣僚会議の代替物でしかない。

公害対策基本法に定められた右の対策会議が「公害行政の一元化につき責任をもつ中央機構」（社会保障審議会意見書）などでないことは明らかであった。その三年後、今度は閣議決定によって内閣に

「中央公害対策本部」が設置され、翌年の環境庁設立に向かうことになるが、対策本部設置までの三年間に対策会議が開かれたのは、わずかに七回でしかなかった。しかしそれにもかかわらず、ここで注意しておきたいのは、基本法制定にあたって最も実質的・効果的な調整機構として対策会議方式が選択された理由である。たとえば当時の行政管理庁長官（松平勇雄）は、公害行政一元化にかんする政府案の後退を指摘する野党議員の国会質問にたいして、つぎのように答えている。

……公害現象に関しましては……きわめて多元的で複雑でございまして、公害行政も多角的でなければ実態に応じがたいのでございます。ただ公害であるという包括的な面からとらえて、異質的な行政を一ヵ所に集めてみても、かえって行政の能率を阻害する結果となるおそれがあるのでございます。……政府としては、各省庁の専門的分野を生かしつつ、公害対策に一貫性を保ち、総合的に調整推進をはかり得る強力な機関として……公害対策会議が最も適切であると決定した次第でございます。(17)

その後しばらく政府の統一的見解とされたのは、こうした考え方であった。やがて野党側からは「公害省」の構想が出されることになるが、そこにおよんでもいぜんとして政府首脳部の答弁は変わらず、縦割り行政のもとでの調整機構として、対策会議方式のほうが一元的な省庁の新設よりも「現実的」であることをくりかえしたのである。

このことをどのように解したらよいだろうか。対策会議時代の活動をみてみると、その開催回数はわずかであったが、一方では各分野ごとに環境基準を策定し、自治体に対しても公害防止計画の基本方針を出すことによって各省単位での「計画による調整」の領域を拡充しながら、他方では連立的な省庁レベルの「フィードバックによる調整」（マーチ＝サイモン）をもって、なんとか「公害対策の一貫性」を保持しようとしたといえようか。しかしながら、基本法の制定過程をみるかぎり、通産省と厚生省の熾烈な対立は歴然としており、主務官庁については厚生省になったものの、厚生大臣に課せられた任務といえば、たかだか「国会答弁の責任という厄介な仕事」（通産省高官の弁）にすぎないような状況にあった。したがって、省庁間の調整過程における調整コストは相当程度の水準に達していたように思われるのであるが、それでもなお、その段階ではたとえ「行政の能率」という尺度を用いても、現実的な政治感覚のフィルターを通してとらえられると、プログラム別専門分化による利益のほうが調整コストを上回っていると判断されていたのである。

だが、対策会議方式への執着も、それを基礎づける基本法それ自体の改正が具体的日程に上るにいたっては、弱まらざるをえない。基本法における「経済調和条項」の削除を省内の連絡会議でいち早く決定していた厚生省は、一九七〇年も半ばになると、かつての公害課から基本法施行後に昇格させた公害部をさらに局に再編する意気込みで「公害対策会議を振り回せるような実力と組織を備えるような仕組みをつくって……時世の要望にこたえたい」（内田常雄厚生大臣）と意欲的な方針を表明するようになった[18]。また、閣僚の中には、公害省もしくはアメリカ的な環境保護庁の設立が「十分検討に値する問題である」と明言する者も出てきた。元大蔵事務次官の経歴をもつ佐藤一郎経企庁長官の国会発言がその一例である。(19)

しかし、ここまできてもまだ従来方式にこだわりをみせる。「各省大臣持ち寄りの仕組み」について内田厚生大臣は、「これまたいいところもあるのでして、何でもかんでも厚生大臣がやるということになりますと、各省みな厚生大臣にげたを預けて、おれの方は見ぬもの清しだ、こういうことになってしまう点もありますので……」と言い、(20) 佐藤経企庁長官もまた、調整官庁としての経企庁の「歯がゆい」現状にてらして行政機構一元化が得策であるとは言いきれないことをつぎのような口調で述べている。

> 現状で一番いいのは、やはり各省が……ここへ来て皆さんの批判を受ける、追求を受ける、これなら深刻にいくのです。ところが環境衛生庁みたいなものができまして、そこの役人だけがここへ呼ばれていじめられて、そうして今度帰る、よその省はのほほんとして、どっちかというと間接的な声を聞く。どうも政策の実効の上からいうと、多少迂遠のようですけれども……〔各省が〕自分でその気になって批判を受けながら進めていく、これが非常の効果がある。ですから、いまのような内閣制度のたてまえからいうと、ちょっとでも関係のあるものはみな責任部局をつくって十分責任にこたえるようなことをやっていく。かっこうはいかにもいいです、一ヵ所にまとめると。そうすると企画庁に似たような官庁ができます。そうすると結局……(21)

まるで環境庁設立後の状態を予想していたかのようである。だがもはや「各省大臣持ち寄りの仕組み」ではどうにもならない。予定された「公害国会」を乗りきるには、もっと強力な調整機構が必要となった。そこで佐藤内閣の閣議決定により設置されたのが、総理大臣を本部長とする中央公害対策本部であった。公害担当大臣として対策副本部長に任じられたのは山中貞則総務長官であり、それは佐藤内閣の「政治の姿勢」を示し、「政治の名において、政府の責任において一本化」するための、政治的な調整機構としての性質をもっている。

山中長官のリーダーシップは強力であった。関係一四省庁から「形式上脱藩させ」られた部課長級の一五名と一九名の出向職員からなる対策本部は、以後数ヵ月間、それまで沈滞していた対策会議とは対照的に活発な活動を展開する。ことに「公害国会」に向けておこなわれた公害関係法令の改正作業で演じた役割は顕著であった。後日、衆議院特別委員会において、山中長官自らがつぎのようにその成果を誇るだけのことはあったのである。

……閉会中でございましたけれども、総理を長とする対策本部を設け、そして総理指名による公害担当大臣を設置することによりまして、来年度予算の編成はもちろんのこと、緊急措置その他について適時適切に、各取り締まり法規を所管いたしております各省庁の連絡、調整、あっせん等をはかりまして、その結果、今国会に……十五の法案が提出できるということにこぎつけましたのは、やはり総理を長とする対策本部の——各省庁のばらばら行政といわれておりました感じの、いわば裏返しに申しますと権限を、なわ張りをめぐってのいろいろな障害というものが、対策本部の手によって一応の調整がなされたことの証明になるかと思いますが……[22]

当時の新聞報道では、基本法に定められた対策会議から対策本部への切り替えが厚生省にたいするひとつの牽制策ではないかという見方も提示されている。公害関係法案にかんする調整結果をみても、厚生省に名を与え通産省が実をとるように配慮されたとの観測が生み出されてもしかたがないような具体例をいくつか見いだすことができる。公害対策基本法の改正案も、公害防止事業費用負担法案も、電源立地調整法案もしかりである。

対策本部の「絞り上げ体制」は相当に厳しかったようであり、一種の情報管制がしかれることになった。山中長官の認識によれば、「内閣を構成する各行政機関がかってばらばらにものを言うこと」は国民にとっても迷惑なのであって、「わら半紙一枚といえども」一省だけの考えを野党側に提示するような行為は考えられないことと言わねばならないのである。こうなると政府部内の異論を国民は知ることができなくなる。それでもなお、各省の対立が激しくて、「役人の諸君の段階ではとても、これは局長でも次官でもおりることはできない環境」においては、そこまで徹底しなければならないという次第である。[23]

さて、環境庁設立についてはどうであったか。対策本部で強力なリーダーシップをふるった山中長官にとっては、実に皮肉な結果に終わった。なぜなら、対策本部が閣議決定されてまもない時点において同長官は、「これからあと実行するにあたりまして、あるいは私どもの努力が足らず、公害庁なり、あるいは公害省なりというものを置かざるを得ない立場になるとすれば、私自身の敗北であり、私たち自身の努力が足りなかった、国民の期待に沿えなかったということになるわけでありますので……[24]」と述べていたはずなのに、その長官自身が環境庁設立の「産婆役」を自ら進んで演ずる羽目になったからである。

いわゆる沖縄国政参加選挙を経て一一月下旬にはじまった「公害国会」(第六四回臨時国会)の審議過程では、山中長官も当初の考えを変えざるをえなくなっていた。すなわち、「やはり公害行政は、機構も予算も人間もごっそり一ヵ所に集めて、研究機関……まで附属した国の態勢を整えていかなくてはいけないのではないか」と語り、事態が対策本部長たる総理の決断にかかっていることを明言するにいたっている。[25]こうして、とりあえず、内閣官房に公害対策室を設置することが決定され、さらに新年度予算案の概算決定にまぢかい一二月の末、大蔵大臣(福田赳夫)、官房長官(保利茂)との協議を経て、「環境保護庁」(仮称)の設置について首相の裁断が下されたのであった。

環境庁設置法案が上程されたのは、「公害国会」のつぎの第六五回通常国会であるが、首相裁断後における関係首脳部の協議を経て、新設の環境庁について、①総理府の外局として経済企画庁のような機構にする、②長官に専任大臣をあてる、③国立公害研究所を併設する、などの大筋は決まったものの、新機構の内容をいわゆる総合調整機能に限定するか、それとも実施機関までふくめたものにするかという基本方針をめぐる論議は、舞台が関係省庁の事務次官クラスによる設立準備委員会（委員長、山中長官）に移ったあとでもむしかえされる始末となった。強力な実施機能をもたせようとする長官の意向は、かろうじて、厚生省から国立公園部を移管させるところにとどまったのである。

国会審議の過程で再三再四取り上げられたのは、環境庁による総合調整機能の実効性にかんしてであった。これにたいする政府側答弁は、内閣法第六条に根拠をおく内閣総理大臣の指揮監督権の行使を具申することができるという「伝家の宝刀」を長官に付与したこと（設置法第六条第五項）をもって終始した。このことについては、さきに環境アセスメント法の制定過程を取り上げたさいに指摘したところである（第Ⅱ章第2節）。首相からは「物価の経企庁、公害の環境庁」という指示があったが、これは経企庁とすべて同じということではなく、経企庁の現状にみられるような「色男金と力はなかりけり」といったもどかしい状況を払拭するためにも、その具申権がものをいうはずだというわけである。[26]

環境庁設置が決まったのが七一年五月末日、その発足は七月一日、初代長官は山中長官の兼任である。同庁設置法案の趣旨説明によれば、新設の環境庁は「公害対策本部の機能を承継拡充」するために設立されたものであったが、公害対策会議から中央公害対策本部を経て環境庁の設置にいたるまでの経緯をたどり返してみれば、そこに調整方式の大きな転換があったことに気づくであろう。改正前の基本法に定められた公害対策会議まではいまだ「各省大臣持ち寄りの仕組み」であり、政府部内ではむしろその利点を強調する見解のほうが有力ですらあった。それにかわる中央対策本部は、山中長官の喩えによれば、「公害機動隊」であり「新撰組」であって、あくまで臨時的組織にすぎなかった。[27]だが、それを恒常的な組織に組み替えるにあたって、結局は、総理府傘下の大臣庁とせざるをえなかった。それも、総合調整の実効性に乏しいとの評価をあびていた経企庁をモデルにしてのことである。

総合調整権限のせり上げ

かつて、世界でも稀な安定性を示してきたわが国の中央省庁制度について論じたさい、府省数の安定ぶりにくらべて、その外局である委員会・庁の数が変化していることに注意をうながし、「戦後の中央行政機構改革において外局の新設・改廃が重要課題であり、なかでも総理府の外局におかれたいわゆる大臣庁のそれが各時代の中心的課題であった」と記した。環境庁の例にかぎらず、高度成長に向かう五〇年代半ばの経済企画庁および科学技術庁の設置（一九五五・五六年）、沖縄返還を前に設置された沖縄・北方対策庁にかわる沖縄開発庁の設置（一九七二年）、国土総合開発を推進するための国土庁の設置（一九七四年）、そして第二次臨調答申をうけて総理府本府との統合再編成による総務庁の設置（一九八四年）とつづいた。くりかえしになるが、独立後の中央行政機構改革は、総理府の外局としての大臣庁拡充の歴史でもあったのである。[28]

これは、ひとつには既存の省の分担管理にゆだねることができない新規の行政需要の顕在化によるものであるが、それとならんで、総理府の外局としての位置づけを通じて国家行政機関の一体性を確保しようとする戦略的企図に裏付けられていたとみるべきである。すなわちそれが、総合調整機能強化の課題に応えようとするねらいにほかならず、内閣総理大臣が内閣の首長たる地位のみならず、総理府の長たる地位を占めているという二重の役割規定を有していることに着目して、防衛庁などを除く大半の大臣庁を、「ライン官庁」である各事業省庁にたいする「スタッフ官庁」として位置づけ、ライン官庁との関係におけるスタッフ機能の遂行にくわえて、総理府の「主任の大臣」たる総理大臣の分担管理する行政事務について総理大臣を補佐する機能を果たすことをも期待することになったのである。総理府傘下の大臣庁をもって「総合調整官庁」と概括する理由もそこにあったというべきである。

ところが、そのように戦後日本の行政機構改革において戦略的な位置づけを与えられてきた大臣庁制度が、さきの中央省庁等改革により事実上の廃止に追いこまれることになった。すでに確認したように、橋本行革の中央省庁再編における取り組みは、少なくとも部省再編への取り組みにかんするかぎり、基本的にはきわめてオーソドックスなものであった。人々の関心は、巨大省を生み出したいわゆる「大括り」再編による「省庁数の半減」に集中した感があったが、そのかげで大臣庁制度が事実上の廃止に追いこまれたことの重要性を見逃してはならないであろう。(29)

このことについては、さきにも指摘した(第Ⅱ章第2節)。いわゆる「一府二一省庁体制」から「一府一二省庁体制」への移行は、「省庁数の半減」の政治的公約をかろうじて満たすものではあったが、憲法および内閣法上の「行政各部」の構成を示す府省の数だけでいえば、「大括り」再編によっても公約違反になってしまう。総理府が内閣府になるものの、省の数は一二省が一〇省になるだけだからである。それなら、どうしたらよいのか。そこで再編の標的とされたのが総理府傘下の大臣庁であり、新設の内閣府に防衛庁と国家公安委員会を移し、他の七つの大臣庁をすべて再編することによって「一府一二省庁体制」への移行がどうにか可能になったのである。

しかし、「無理を通せば道理がひっこむ」の至言がある。年来の総合調整機能強化の課題に応えるべく、大臣庁を「総合調整官庁」として仕立て上げてきたのをここで断念してしまったなら、肝心の総合調整はどのような仕組みによって確保すればよいのか、従前の道理にかわる新しい道理があるのか、どうすべきなのか。この問題が浮上せざるをえない。参考のために再び行政改革会議における取り組みをごく簡単にふりかえっておくことにしよう。さきに取り上げたのは部省編成原理の適用問題が中心であったが、今度は省庁間の調整問題が関心の焦点である。

行政改革会議は右の問題の重要性について早くから自覚的であった。これもさきに指摘したように、省庁編成を扱った機構問題小委員会の審議において、藤田主査から提出された覚え書きが重要な役割を果たしたが、その最初の覚え書き（七月九日）には「どのような組織作りをしようとも、組織相互間での調整の必要は、必ず残る」との一文がある。同主査ははじめから『「機能」論と『組織』論の相互関係」に関心を寄せ、その組織論の中心に「組織間の調整システム」のあり方をおいていたようである。[30] そして、総理府傘下の大臣庁の存在についても明確な意識をもっていた。二度目の覚え書き（七月一六日）にいわく、「今回の省庁再編の主要目的が『縦割り行政の弊害の排除』にあるとするならば、従来まさに『縦割り行政の弊害』を克服する目的の下設けられてきた省庁、そしてこれらの省庁に本来期待されていた一定の機能が存在するということが、今後の編成の一つの重要な手掛かりとなる筈である。すなわち、総合調整官庁としての、総務庁、経済企画庁、科学技術庁、国土庁等の存在がそれである」と。[31]

しかし、行革会議における審議の結果は既述のとおりである。なぜだったのか。ひとつのヒントは三度目に提出された覚え書き（七月二三日）にある。そこには、「『縦割り行政の弊害の排除』を目的とする『調整システム』の在り方としては、例えば次のような方式が考えられる」として、四項目が挙げられていた。[32]

① 内閣の強力な調整機能によるもの。
② 省庁の大括りによる、調整の省庁内部化によるもの。
③ 特定機能についての省庁間での横断的調整システムを、恒常的に設置することによるもの。
④ 省庁間での個別的な意見調整のためのプロセスを、一般ルール化することによるもの。

これらのうち、②の省庁の大括りによる調整の内部化についてはひとまず別にしてよいであろう。また、①にいう内閣それ自体の強力な調整機能が発揮されれば、それはそれでよい。会議でもそれが本来の姿である旨の意見がくりかえされている。しかし、それだけで足りるはずもない。どうしても③や④のような「横串」を作ることが必要であって、「横串」論にもとづく調整システム作りが肝要だというわけである。この場合、総務庁以下の大臣庁がおこなってきた総合調整は④に該当し、改革によって内閣府に設置されることになった経済財政諮問会議、男女共同参画会議などの恒常的な合議組織によるものが③の典型例となろう。

この審議の過程で、調整プロセスの主要タイプとして、トップダウン型の「内閣（内閣官房）の発意、主導によるもの」とボトムアップ型の「各省の発意によるもの」を示した事務局作成による図が提示され、それを組み入れて意見集約がおこなわれていった。その結論が中間報告で示された「横断的調整システム」、最終報告で示された「新たな省間調整システム」である。最終報告に従って約言すれば、「従来、原則として内閣官房及び総理府外局にのみ存し、実態的には有効に機能していなかった各省間の調整システムについて……内閣官房による総合調整、内閣府（担当大臣）による総合調整、さらに省間の相互調整という、三類型の調整の組合せによって抜本的に機能強化を図る必要がある」[33]ということである。

さて、ここで注意を要するのが「総合調整」概念の限定的用法である。内閣官房と内閣府（担当大臣）によるもののみが「総合調整」とされ、それ以外のものは「省間の相互調整」とされている。事実、このことが、中央省庁等改革基本法以降の法制化の過程で決定的な拘束力をおよぼすことになる[34]。基本法の国会審議過程において、当時の総務庁長官（小里貞利）はこの使い分けに注意をうながし、総合調整の概念について、「もう御承知いただいておるかと思いますが、内閣におきまして、内閣官房及び内閣府に限って用いているところでございます。／なおまた、これは内閣官房及び内閣府が内閣及び内閣の首長たる内閣総理大臣を補佐する立場から行う政府全体としての総合的な調整をあらわすものでありまして、いわば対等な立場における調整である各省間の調整とは異なるものでございます[35]」と割りきった説明をしている。まるで異質の調整類型であるかのようである。かくして、かつては総理府傘下の大臣庁に認められていた総合調整権限が内閣官房および内閣府にせり上げられることになってしまった。「総合調整権限のせり上げ」と呼ぶゆえんである。

基本法の規定ぶりをみてみると、そこでは「内閣府が行う総合調整」と「府省間における政策についての協議及び調整」を区別し、後者を「政策調整」と呼んで、その要点をつぎの四項目に集約している（基本法第二八条）。

①　府省は、その任務の達成に必要な範囲において、他の府省が所掌する政策について、提言、協議及び調整を行い得る仕組みとすること。

②　内閣官房は、必要に応じ、調整の中核となる府省を指定して政策調整を行わせること等により、総合調整を行うこと。

③　関係府省の間において迅速かつ実質的な政策調整を行うための会議を機動的に開催する仕組みの活用を図ること。

④　政策調整の過程において、できる限り透明性の向上を図ること。

そして、基本法でのこの要点整理に従って定められたのが、「政策調整システムの運用指針」（二〇〇〇年五月三〇日閣議決定）および「政策調整システムの運用指針について」（同年六月一日事務次官会議申合せ）であった。基本法の可決成立が九八年六月初めであるから、そこにいたるまでにずいぶんてまどったことになるが、これでどうにか、新しい省庁再編に向けた基本法レベルでの法制整備が一段落となったのであった。

はたして、こうした新しい政策調整システムによって、いうところの「縦割り行政の弊害」は排除することができるのであろうか。あらためて、その前提条件とされていた事柄を再確認しておく必要を強く感じざるをえない。さきの藤田ペーパーからの引用にも明らかなように、「内閣の強力な調整機能」が果たされることが第一の前提条件であり、そのことは、いわゆる「国政運営における政治主導の確立」をめざす観点から当然視されていたといってよい。

ここで「政治主導」とは、政治機関としての内閣総理大臣および内閣の指導性の強化を意味している。端的に「執政権」の強化を意味するものと解して差しつかえない。この場合、とかく「執政権」のおよぶ守備範囲をあらかじめ設定しがちであるが、現実に即して考えると、さほど容易なことではない。国政運営において内閣・内閣総理大臣の指導性が発揮されるべき重要な調整事案は、はじめからその種類や範囲が決まっているものではないからである。それは、内閣官房および内閣府に振り当てられた「総合調整」マターだけではなく、それ以外の「相互調整」マターにも当然およぶものでなければならない。行革会議最終報告での表現を借りれば、「内閣として、必要に応じ、省間調整に先立ち具体的な指示を与え、省間で決着のつかない事項について裁定を行う[36]」のであって、どんな政策課題がその種の事項として浮上するかをあらかじめ確定することなどはできはしないのである。

したがって、各省間の実際の政策調整においては、それが「総合調整」に当たるか、それとも「相互調整」なのかといった概念上の区分にもとづいた事前の振り分けによって決着がつくものではなく、それによって調整手続きが一義的に規定されるものでもない。また、政策調整の過程がトップダウン型であるか、ボトムアップ型であるかで、いずれか一つの調整類型が決まるといったことにはならず、たとえば各省の発意によるものであっても、関係する省間の協議が整わなければ、特定課題を担当する省（調整省）による内閣への意見具申により閣議の場に持ち込まれるケースもありうる。前記の政策調整について定めた基本法第二八条二号などは、内閣官房による総合調整の中に各省間の相互調整が組みこまれた調整事案を想定したものであり、仮にそれで調整が整った場合、いずれの調整類型による成果なのかを事後的に確定することもむずかしい。つまりは、基本法の審議過程における総務長官答弁にあるような双方の異質性を強調してもあまり意味があるとはいえないのであり、その組み合わせが肝心なのである。

この点にかぎらず、意図したことがそのとおりの結果になる保証はどこにもない。すでに基本法案の策定過程において、中央省庁等再編準備委員会の参与として参画した五名から、内閣府の位置づけと省間政策調整のシステムのそれぞれについて改善意見が提出されていた(37)。前者については、内閣府が各省と横並びの機関ではないことをさらに明確にすべきであるというもの。それをうけて後者についての提案は、内閣府に配置される担当大臣の調整権には指示権もふくまれること、また一定分野において特定省に認められる中核的調整機能よりも、内閣官房による調整省指定権のほうが優越することを明記すべきだというもの。いずれも、ここでいう総合調整権限のせり上げ効果を確保するための必要条件である。

しかしながら、これでもなお、確たる保証にはほど遠い。右の参与たちの改善意見は、「この新しい調整システムこそ、省庁縦割行政の弊害を打破する画期的なシステムであるにもかかわらず、その趣旨が法文上に明確に表されているとは言いがたい(38)」との認識にもとづくものであったが、さきの環境庁の事例にもうかがえるとおり、省間政策調整の効果はたんに「法文上に」調整権限をどのように規定するかによってのみ左右されるものではないからである。参与の改善意見はさらに、各省の個別法令をチェックする第三者的機関の設置も求めている。それは、「中央省庁等改革をめぐる各省庁間の駆け引き、利害対立は、基本法成立後における関係法令の制定・改廃の過程において、より一層顕在化・激化することが予想される(39)」との観測にもとづくものであった。まさしく、調整権限の明確な法制化によっても事は解決しないことに気づいていればこその提言である。

行革会議最終報告はいう。「目的別省編成とすることに伴い、新たな省は、その省が追求する行政目的・価値について、他の省との間で積極的な調整を進めるべきこととなる。……この新たな省間調整システムにより、各行政目的において中心となる省が、関係省と第一次的な調整を主体的に行うことを基本とする(40)」と。このあとに「内閣総理大臣及び内閣官房の強力なリーダーシップはこの前提であり……」とつづくのであるが、その前提をはずしてしまえば何のことはない。結局のところ、各省の出方いかんにかかっているのである。

2 行政資源配分の組織間関係

セクショナリズムの政治過程も組織過程によって拘束される。というよりもむしろ、組織過程の中にすでに政治過程が組みこまれている。「組織あるところに政治あり」であって、どのような組織体であっても組織と呼びうるだけの一定規模に達した人間集団は「組織政治」と無関係ではありえない。なんらかの目的や任務を掲げて設置され編成された組織であっても、具体的な活動方針をめぐって争いが起こりうるし、その活動方針を系統的に整理した組織活動プログラムの組み立てにかんしても、組織をとりまく環境や状況の変化によって不断の再編をともなうことになるのだから、すべて決まったこと、決められたこととして処理するわけにはいかなくなる。これが「プログラム政治」である。それ以上になじみのあるのが、役職配分をめぐる政治であって、上層部のあれこれのポストを誰が占めるのか、どのポストに誰がはりつけられ、誰がどこに回されるかということが、いわゆる「オフィス・ポリティクス」の中心的な話題となる。(41) 毎年の人事をめぐる軋轢は恰好の素材である。

また、どの組織も社会的真空の中で孤立して存在しているわけではないから、外部の利害関係と結びつき、その影響を受けざるをえない。利害関係といっても、個々人の損得だけではもちろんない。組織にとっての利益や重要な関心事にかかわるがゆえに、それら利害関係者もしくは利害関係集団(stakeholder)との関係を良好なものに保持しておく必要がある。そのこと自体が組織政治の重要な課題ともなり、有力な利害関係集団との関係がこじれたりすれば大事になる。組織内の都合だけで処理するわけにはいかなくなってしまう。それが産業界の企業組織であれば、製品の製造・販売過程において強く依存する他の企業組織や関係業界団体の動きを無視するわけにはいかなくなるし、よもや法令上の規制を度外視して勝手気ままな行動に走るわけにもいかない。「江戸の敵を長崎で討つ」ということだってありうるからである。

こうして、組織政治はしばしば「組織間政治」に波及する。その逆もありうる。舞台が行政官僚制の場合も同様である。アリソンの官僚政治モデルがそうであるように、登場するアクターないしプレーヤーの顔ぶれは政治家やその集団にもおよぶ。特定の官僚機構における「プログラム政治」は、ときにもっと広範な政治集団を巻きこんだ「党派政治」へと発展し、政策をめぐる争いが党派間での政治的取引の餌食となることもある。そのかぎりでは、組織過程における政治力学が政治過程の組織力学に飲みこまれてしまうかのようである。しかし、アリソンのいう官僚政治で重要なことは、政治家や政治集団の政治的介入によってはじめて事柄が政治的になるのではない、ということである。このことについてはすでに序章でも言及した。同じ表現を用いれば、官僚機構それ自体が政治的アリーナであって、行政官僚制そのものが政治的空間を構成するのである。

省庁間紛争への組織的対応

組織政治のなかでも、ひとつの組織を構成する部門・部局間でのそれが最も典型的である。したがって、セクショナリズムは組織政治の典型的事象となる。それを組織内政治としてみるか、それとも組織間政治とみるかは、対象とする組織レベル、組織単位のとらえ方による。すでに指摘したとおり、国家行政組織法に従って、国の行政機関を「すべて、一体として」機能させることにあくまで固執し、その一体性を強調する立場からすれば、国家行政組織法の枠外におかれた内閣府までふくめて、一体としてとらえることが要請されもしよう。それにたいして、セクショナリズムが各省組織内部に深く浸透し、個別法令を所管する課単位間でも所管法令の改正などをめぐって激しいつばぜり合いが生じてきていることを重視する観点からすれば、省内の各局間どころか、もっと下位の組織単位間での紛争にも目を向けることになろう。

しかし、組織単位間での紛争が最も激烈なかたちをとるのは省庁間でのそれであり、前節でみたように、さきの中央省庁等改革もふくめて、省庁別編成による縦割り行政の弊害をなんとか克服するために効果的な総合調整機構の整備をはかろうと、これまでいくたびかの試行錯誤がつづけられてきたのであった。それにもかかわらず、省庁間セクショナリズムの火種が消えることはない。その理由を、あげて明治以来引き継がれてきた「分担管理の原則」にのみ求めることには無理がある。セクショナリズムの歴史過程について考察したさいにも、明治以来の各省分立体制のもとで、変えようとして変えることができなかった組織機制の根強さに注意をうながした。もちろん、行政官僚制をとりまく政治過程にも省庁間セクショナリズムを増幅する原因がある。どれほど国家行政組織としての一体性を強調しようとも、また、それを現実化しようとする改革をくりかえそうとも、サブガバメント・レベルで成立するいわゆる政・官・業の三角同盟の影響力をそぐことはできなかったし、行政官僚制をめぐる政治的アリーナにおいて、多くの場合、省庁自体が政治的アクターとして行動せざるをえないからである。

歴史過程でも政治過程でもない組織過程の問題としてとらえるとき、第一に取り上げなければならないのが、前節で扱った行政組織における部省編成原理であった。それはまた縦割り組織編成における調整メカニズムの問題を内包していた。調整の欠落や不足に業を煮やして、しばしば「縦割りを横割りに」といった類の評言がくりかえされるが、多くの場合、たんなる言葉の遊戯にとどまる。いうところの横割りの編成基準に全面的に切り替えることができないうえ、それを部分的に採用したところで、たとえば、横割りの過程別編成基準（プログラム別専門分化）を導入しても、元来が目的別の部省編成をおこなっているために、過程別基準を目的別基準で再定義したりしなければならず、たいていは元の木阿弥ということになってしまうからである。

しかしながら、どんな編成原理をとったにせよ、省庁間のどこでも必ず紛争が持ち上がるというものではない。まったく調整の必要がないほど自己完結的で「自己充足度」が高い省庁組織であれば、他の省庁との間で調整や交渉が重ねられることも少ないであろうから、それがこじれたり決裂したりして紛争状態に陥ることもめったに起こりえない。反対に「自己充足度」が低く、したがって他組織にたいする「相互依存度」が高い場合には、一般的にいって、調整の必要性が増し、紛争発生の潜在的可能性は高まってこよう。だが、「自己充足度」や「相互依存度」だけで現実の紛争発生が規定されてしまうようなことはありえない。もしそうであるなら、縦割りの目的別編成を横割りの過程別編成にしたりすれば、相対的にいって組織単位の自己充足度は低く、相互依存度は高くなるから、省庁間での組織間紛争がいっそう頻発することになってしまう。そんなことがありうるはずがない。名著『オーガニゼーションズ』の中でマーチ＝サイモンが、調整問題にかんして古典的な考察をくわえたギューリックの組織理論を引き合いに出しながら、「古典的管理科学のもっとも重大な欠陥は、理論と証拠を突き合わせていないことである」と批判したのはそのためであった(42)。

マーチ＝サイモンが組織単位間での過程別専門分化にかんして指摘しているところを援用するならば、複数省庁にわたる組織単位・プログラム間での相互依存関係の増大は、ただちに調整活動の必要を増大させるものではなく、「状況の標準化」がどの程度であるかによって「相互依存の許容度（tolerance）」が変化し、したがってまた、支払われるべき調整コストも増減する。つまり、関連する施策の展開に応じて当該組織単位・プログラム間での相互依存関係が増大することになっても、状況が反復的で安定的に推移することが予測できるのであれば、従来の対応パターンをことさら変える必要はなく、調整コストの増大を招くこともない。それとは反対に、状況が変わりやすく、偶発的な条件変化にともなって必要な行政資源の配分に大きな変化が見こまれるような場合には、「相互依存の許容度」が小さくなり、くりかえし調整活動をおこなわなければならなくなる(43)。相手の出方しだいでこちらも出方を変えなければならない。そうなると、調整の破綻によって紛争が引き起こされる可能性もおのずと高まることになる。

いわば分析上のパラメータとして設定された「相互依存の許容度」であるが、当事者にとってみればそれが決定的な意味をもつことになるから、普段からその許容度を大きくしておくための組織的工夫を講じておく必要がある。たとえば、関係する組織単位間でコミュニケーション・チャネルを整備し、情報の共有化をはかることなどがそれであり、定期的な連絡調整会議を開催して情報交換につとめるなど、省庁組織の壁を越えて担当者の気心が通じ合う関係にしておくことも有効であろう。安定的状況下における調整様式としては、あらかじめ設定されたスケジュールにもとづいた「計画による調整」が適合し、それによって所管が異なる省庁組織の担当部局相互間で協力的な連携がおこなわれるようになれば、それこそしめたものである。しかし、異なる省庁組織相互間でそのような関係をつくりだすことは容易ではない。それに、プログラム別専門分化の要請に従って、ある程度まで省庁組織を横断した「計画による調整」とそのためのコミュニケーション回路を整えることは可能であっても、状況が変転し緊迫化の度合を強めてくると、もはやそれに頼ってはいられなくなる。計画からの逸脱が当たり前になり、計画そのものの見直しが必要となるから、調整様式も「計画による調整」から、新しい情報の授受と差別化をともなう「フィードバックによる調整」へと転換せざるをえない。その場合の責任ある意思表示はそれぞれの省庁階統制の上層部にゆだねられることになり、現場の担当部局レベルにおける判断とは相当に異なったものになる可能性もある。当事者の「状況の定義」にはじまる組織意思の決定過程は、もともと「バイアス」の再生産過程にほかならず、状況認識における小さな差異がやがて増幅され、大きなくい違いを生み出すこともめずらしくはないのである。

前章でみたように、省庁間紛争の多くは複数省庁にまたがる共管問題をめぐって発生する。その場合にかぎらず、行政官僚制では調整・協議の手続きが網の目のように張りめぐらされ、そのために、ことあるごとに関係組織単位間の会議が開かれる。起案文書（稟議書）の押印欄をみると、関係部署の役職者個人による決定の積み重ねであるかのように見えても、そこに押されているひとつ一つのハンコの裏には綿密な合意形成の手続きが存在する。

ちなみに、行政組織における起案・決裁手続き（稟議制）においては、「回議《かいぎ》」とか「合議《あいぎ》」といった、まぎらわしい言い回しによる処理がなされる。起案文書をその作成者から決裁権者まで回覧・提出して順次押印を得ていく手続きが広義の「回議」であるが、その中には、起案者の職務系列上の上位者に起案文書を順次提出して押印を得る手続きと、事案の処理にあたってなんらかの関係を有する部署にあるそれ以外の者に提出して押印を得ていく手続きとがある。前者を「回議」（狭義）、後者を「合議《あいぎ》」と呼んで区別する。いずれも押印はそれぞれの役職者個人がおこなうのであるから、押印の段になってあらためて会議が開催されるものではない。稟議制の特色として、「稟議書は、その内容に関係をもつ部局課のものが、個別に審議するのであって、関係者が会議を開いて、討論審議することは原則ではない」とされるのはそのゆえである。その意味では、「回議《かいぎ》」は会議にあらず、「合《あい》議《ぎ》」もまた合議《ごうぎ》にあらず、である。しかし、そうした文書処理がとられるまでの事前段階では会議が頻繁に開かれる。関係部署の中で異議が残っていたりすれば、今日も会議、明日も会議ということになる。会議をこなすのが役職者の仕事であり、自分の仕事を称して「会議屋」などという揶揄が使われたりもする。

これが省庁間にわたる事案となれば、また一苦労である。「合議《あいぎ》」の範囲は「必要最小限に留める」のが文書管理規程上の原則となっているが、個々の定例的な事務執行の場合はともかく、省庁折衝を必要とする場合など合議先を具体的に指定していないのが通例であるから、起案文書の作成にあたって、その範囲をあらかじめ確認しなければならない。しかし、それより何よりも、事前の合意形成段階で、どの省庁の、どこの部署までを関係者の中にふくめなければならないのか、その判断のほうが厄介である。関係機関への意見照会、関係機関からの意見提出を通じて、関係機関の意向を的確に押さえ、必要な会議を順次設定していかなければならない。省庁内でもそうであるが、省庁間の会議ともなると、よけいに気楽に臨むわけにはいかない。「省庁間の折衝は外交交渉そのものだ」という証言もある。したがって、公式の会議の前に念入りな下準備が必要となるし、会議が終わってからも場所を変えて意見交換をする場を設けなければならないかもしれない。公式会議の席上でのやりとりはとかく紋切り型の発言になり、互いに「腹の探り合い」、相手側の「腹を読む」ことに終始しがちとなるから、それとは別に「腹を割って話す」ことができる場の設定を考えなければならない、という次第である。

一般に、複数当事者間での共同決定にあたっては、当該事案にかんし実体的判断を下すための「決定ルール（decision rules）」、当事者間での「折衝手続き（negotiation procedure）」、そして第三者の登場を想定した「斡旋・裁定手続き（meditation and arbitration procedures）」の三要素からなる意思決定機制が形成される。(44) 第一の「決定ルール」は、何について共同決定をするのか、問題は何であるのかを決めるルールであり、これが当事者間で了解されていれば、あるいは相互に了解しあうことができれば、紛争の多くは事前に回避されよう。第二の「折衝手続き」では、何をでなく、どのように、が中心問題となる。何が問題かを的確に見抜く判断力を前提として、見通しを立て、目配りを怠らず、段取りをつけ、お膳立てを整える実務能力が要求されるが、この場合は、相手がいることであるから、独り善がりではなく、つねに相手側の出方に対応させてそうした実務能力を発揮しなければならない。論旨明快に証拠を挙げて相手を説得する立論能力にくわえて、抜け目のない駆け引きの能力も必要とされよう。これで片がつけばよいが、双方がそれぞれの主張を展開して互いにゆずらなかった場合には、つぎの第三の「斡旋・裁定手続き」に移行しなければならなくなる。つまり、何が問題であり、それにどのように取り組むかについて当事者のそれぞれが考えを固めていても、肝心の共同決定において合意に達することができないような紛争状況にたちいたると、そこにおいていよいよ第三者が登場することになる。一方の「斡旋」というのは、対立する各当事者に争点を見きわめさせ、隘路を打開して妥協点を見つけ出させるためのもので、当事者が第三者の調停案を受諾することがその成立要件であるが、これにたいして、もっと積極的に当事者間に割って入り、有無をいわせず紛争を終結させるのが「裁定」であって、その場合は当事者の受諾の意思を必要としない。いずれにしろ、これにて一件落着である。

一見すると、第一の「決定ルール」はいたって簡単に見えるが、その内容は「決定ルールの適用事項」というにすぎず、むしろ第二、第三の手続きもふくんで全体の「共同決定ルール」が構成されていると見たほうがよい。前節で取り上げた中央省庁等改革にともなう新しい「政策調整システムの運用指針」は、あまりに概括的であって、その実効性に疑問があるものの、一応は省間調整の基本ルールを定めたものであり、右の「共同決定ルール」のスケルトンを示すものということができよう。

もちろん、一応のルール（運用指針）を定めたからといって、省庁間の紛争がなくなるものではまったくない。すでに新しい「政策調整システム」について示唆したとおり、結局は各省の出方いかんにかかっているのであり、ある意味では、これまで以上にそうならざるをえない。そのことは、「目的別省編成とすることに伴い、新たな省は、その省が追求する行政目的・価値について、他の省との間で積極的な調整を進めるべきこととなる」という行革会議最終報告の一文に凝縮されているともいえる。「他の省との間で積極的調整を進める」とは、とりもなおさず、何が問題であるかという第一の「決定ルール」にかんしても、また、どのように取り組むかという第二の「折衝手続き」についても、多分に定まらない部分を残していればこそ、そのように言いうるのであって、それが言われるように、各省の「追求する行政目的・価値について」であればなおさらのことである。新しい政策調整システムも、各省に「第一次的な調整を主体的に行うことを基本とする」システムであることに変わりなく、各省がその気にさえなれば、かつて「喧嘩官庁」の異名をとった通産省がそうであったように、どんどん他省の領分に口出しをしていってかまわないのであり、右の一文などを読むと、むしろそのことが推奨されているかのようですらある。

「相反性」基準の組み込み

省庁間紛争の実例をみると、なかには理不尽と思える事例もないではないが、その多くは起こるべくして起きた紛争であった。その意味で必然的であったようにも見えてくる。そのことを認識するならば、省庁間紛争にたいする組織的対応もおのずと変わってこざるをえないであろう。

ところで、さきの中央省庁等改革における「大括り」の省庁再編にさいして、実に興味深い企てがなされている。前節で部省編成原理の取り扱いについて検証したおりに引いた行革会議中間報告からのやや長い引用文でふれている点であるが、中央省庁を行政機能・目的別に編成するにあたって、諸機能の間の「共通性」とともにその「相反性」を考慮に入れたグルーピングが試みられたことが、それである。このことは部省編成理論の伝統に照らしても当たり前のことではない。

行革会議において「省庁再編案の基盤となる機能別グループを抽出する作業」に集中的に取り組んだのは、会議発足（一九九六年一一月）から半年後に設置された機構問題小委員会（主査藤田宙靖委員）であり、「相反性」基準は藤田主査から提出された「省庁再編案作成に向けての覚え書き（その一）」の中ではじめから書きこまれていた。[45] 基本的かつ古典的な例示として挙げられたのは、「生産・創造」と「配分」、「自由の保障」と「安全の確保」といった「自立」と「規律」の相反であり、それにくわえて「現存する世代の利益」と「将来の世代の利益」の相反が、今日とりわけ重要な問題になること、また「平常時」を想定するか「危機」を想定するかで、共通か相反かの判断も大きく異なりうることに十分留意する必要がある旨が記されていた。

これだけであると省庁編成基準にはなりえない。「問題は、我々が、どのような共通性を重視し、またどのような相反性を重要と考えるか、ということである。」藤田主査の「覚え書き（その二）」には、このような指摘がある。[46] それからまもなく、真夏の都心のホテルで四日間にわたっておこなわれた集中審議を経て、九七年九月初めにまとめられた中間報告では、「国土開発省」と「国土保全省」が並んで提示され、人々の注目を集めることになった。たんなる社会資本整備や公共施設の建設ではなく、より総合的見地から国土整備を担う組織と想定されてきた「国土整備省」構想につき、「開発」と「保全」の機能の相反関係に重点をおいて、それを右の二つに分けてはどうか、というのである。ここで一方の「開発」の側に区分けされたのは道路、都市、住宅等、他方の「保全」側に区分けされたのは治山、治水、水利行政等であったが、その例示のあとに、「両者は一面では密接な関係をもつものであり、その間の区分については今後精査が必要であるとの認識が確立している。また、両者間での総合的な計画調整については、横断的調整の方法を検討することとなっている」と書きくわえられていた。[47]

事柄がたんなる技術的問題でないことは誰の目にも明らかであった。しかも、「大括り」の基本方針のもとでの省庁再編であるから、「開発」と「保全」の両機能を互いに張り合わせるためにそれぞれを分離して独立の省とするというだけでは足りない。既存の他省所管の政策分野との統合をはからなければならない。「大括り」の観点に立って「開発」側で早い時期から統合が考えられた政策分野は、独立時における政令諮問委員会の審議過程と同じく今度もまた「交通」であり、「保全」側で焦点化されたのは「食糧の安定的供給」と「水関連行政の一元化」であった。前者の関連省は運輸省一本であるが、後者の中の「水関連行政」となると、農林水産省のみならず通商産業省や厚生省にもおよぶことになる。だから、これらの各省との関係をどうするかがポイントとなる。

それだけではない。既存省の分離・統合は、調整機構の仕組みをどうするかという問題と密接に関係する。このことも、相反性基準が主張された当初から織りこみずみであった。藤田主査の「覚え書き（その一）」にいわく、「どのような組織作りをしようとも、組織相互間での調整の必要は、必ず残る。その場合、『大括り』するということは、この調整作業を『局』以下の組織レヴェルで行うことを意味することになるが、その場合、調整の内容は微細にわたることができる反面、問題の所在・調整のプロセスの在り方等が、対外的に必ずしも十分な透明性を備えるものではないものになるおそれが生ずる。他面、『相反』性を重視して別々の『省』立てをすることは、相互間の調整が大臣レヴェルで初めて行われることを意味することになり、まさに上記と逆のことが妥当することになる。どちらを選択するかは、決断の問題である(48)」。

中間報告において「国土開発省」と「国土保全省」の双方が別々の省として提示されたことは、その段階でひとつの政治的判断がおこなわれていたことを意味する。しかし、それはついに最終的な選択にまではいたらなかった。中間報告から三ヵ月後の九七年一二月初めに取りまとめられた行革会議最終報告では、巨大省の「国土交通省」設置案に一本化され、「国土保全省」設置構想は立ち消えになってしまったからである。ポイントであった一方の運輸省との統合再編には成功したものの、他方の関係各省との統合再編までは思いどおりにいかなかったのである。

中間報告から二週間後の第二九回行革会議（九月一七日）において、中間報告と今後の審議課題について各委員からの活発な意見開陳がおこなわれているが、事務局での「委員意見の整理（未定稿）」[49]によれば、国土開発省、国土保全省にかんしてはつぎのような意見が出されている。参考のために主な意見を挙げておくことにしよう。なお、（　）内は委員名である。

○開発と保全の客観的、合理的線引きは難しく、政治判断の問題。（渡辺恒雄）

○開発と保全の間の総合的計画調整のための行政機関が必要となり、例えば内閣府に総合国土開発・保全委員会を置くことも考えられるが、それも単に行政効率を下げるだけに終わるおそれがある。（渡辺）

○国土保全省との線引きの考え方について議論を深めるべき。（川口幹夫）

○建設省の主張する河川・道路分離反対論の内容、国民的視点からの分離のデメリットの議論を精査することが必要。（諸井虔）

○両省の業務について、なお精査が必要。（諸井）

○開発という名称は乱開発のイメージがある。（渡辺）

○河川は道路とともに、一体的に整備・管理することが望ましく、また、利害関係が複雑に入り組む水利行政を、農業を所管する国土保全省が所管することは、公平性・中立性の面で問題なしとしないため、治水・水利行政は国土開発省の所管とした方がより適切。（豊田章一郎）

○農政の在り方を見直すことの必要性を検討すべき。（猪口邦子）
○食糧の総合政策の企画立案を担える体制を整備すべき。（水野清）
○環境安全省との関係で「保全」という表現が国民にとって紛らわしくないか検討すべき。（猪口）
○河川局を中心に、通産の工業用水、厚生の水道行政を一元化し水資源の総合行政を担わせるべき。（水野）
○林野、畜産、水産、園芸行政を担う部局は内局化すべき。（水野）
○国有林野事業については、森林政策局を新設し、執行部門は独立行政法人とする。（渡辺）
○森林行政・国有林野事業については、環境保全などの公益機能を確保できる一元的な行政組織に改めることが必要。（芦田甚之助）
○国有林野事業については、逐次、独立行政法人化、民営化を進めるべき。（諸井）

このように議論百出であり、一ヵ月後になっても収まることはなかった。国土保全省構想との関連で最大の政策転換を求められたのは農水省といっても過言ではなかったのであるが、同省は結局のところ「改革に乗り遅れた省庁」[50]のひとつになってしまった。建設省からは「河川行政を、農林水産行政を担当する『国土保全省』に一体化するメリットは少なく、河川行政を道路行政や都市行政等と切り離すことのデメリットの方がはるかに大きい」との反対意見が提出され[51]、つづいて厚生省からも「国土保全省（仮称）において、治山・利水行政を一体として担わせることは不適当と考える」との意見が提出された[52]。

橋本総理大臣の補佐官であり、かつ行革会議の委員と事務局長を兼ねていた水野清の証言によれば、「一番抵抗したのは河川局でしたね。これは橋本さんのアイデアで水行政を一元化しようとしたのです。要するに、建設省河川局と農水省の農業用水関係、通産省の工業用水、それから厚生省の上水道ですね。これを一つにしなくては駄目だということが下りてきた。そこで水資源庁みたいな構想を私は内々立ててみたのです。橋本さんが言うから。しかしこれはいずれ同じ派閥の竹下登さんあたりから、いずれ『橋本君』と言ってくるに違いないと思っていました。ひと月もしたら橋本さんは、『やっぱやめようや』なんて言うわけですよ」ということであった。[53] 河川局の「抵抗」について付言すると、折しも同局は、従前の河川行政における治水と利水の二大目標にくわえて、新たに河川環境の整備と保全、地域の意見を反映した河川整備の計画制度の導入を主眼とした河川法の改正に踏みきったばかりで、同改正法の公布は同年六月のことであったから、よけいに敏感に反応せざるをえないという事情もあった。

ともかく、いわゆる「国土二省」問題についての決着は、最終報告取りまとめを前にした一一月の集中審議（第三七回〜第四一回行革会議）にもちこされ、総理に一任することになったが、「開発」と「保全」との相反性を基軸とする省編成のアイディアはもはや中間報告時点までのモメンタムを失っていた。そのことは、集中審議第三日目の第三九回会議における会長（橋本総理）の説明に明らかである。すなわち、党側への打診をおこなうにあたって、「公共事業を行う省を二つに分割しようとしたのは、巨大化、利権化の懸念を避けるためであった。しかし、ブロックごとの地方支分部局に権限を下ろして予算の一括計上ができる形とし、本省をスリム化すれば、巨大利権官庁を作ることなく一つにまとめることも可能であり、国土開発と国土保全を強いて分ける必要はない」としたというのである。[54]「国土交通省」設置案を盛りこんだ最終報告が取りまとめられたのは、これからまもなくのことである。

ただし、これで相反性基準そのものが無意味に帰してしまったわけではない。最終報告では、省編成の原則として、①目的別省編成、②大括り編成、③利益相反性への考慮、④省間バランス、⑤省間の相互調整（省の目的・任務に即した相互調整）の五項目が掲げられ、さらにこの最終報告を法文化した翌年の中央省庁等改革基本法では、中央省庁等改革の基本方針を定めた第四条においてつぎのような規定がおかれることになった。

第四条　政府は、次に掲げる基本方針に基づき、中央省庁等改革を行うものとする。
一　（省略）
二　国の行政が本来果たすべき機能を十全に発揮し、内外の主要な行政課題に的確かつ柔軟に対応し得るようにするため、次に掲げるところに従い、新たな省の編成を行うこと。
イ　国の行政が担うべき主要な任務を基軸として、一つの省ができる限り総合性及び包括性をもった行政機能を担うこと。
ロ　基本的な政策目的又は価値体系の対立する行政機能は、できる限り異なる省が担うこと。

ハ　各省の行政機能及び権限は、できる限り均衡のとれたものとすること。

三　（以下省略）

最終報告で整理された五原則のうち①と②はイに、③はロに、④はハにそれぞれ該当する。最後の調整原則⑤に当たる項目が見当たらないが、これは同条第五号で「国の行政機関の間における政策についての協議及び調整の活性化及び円滑化並びにその透明性の向上を図り、かつ、政府全体として総合的かつ一体的な行政運営を図ること」が別に定められたことによる。

省庁編成基準の一つである相反性基準の説明として、右の四条二号の表現はやや舌足らずの感を否めない。最終報告における「利益相反性への考慮」についての記述は、「基本的な政策目的や価値体系の対立は、極力同一省内にもち込まず外部化し、政策立案が恣意的となったり、大きな価値対立の調整が内部化し不透明に行われることを防止する」というものであった。(55) 双方をくらべると、後者は単一省の組織編成のみを対象としており、相反する政策目的ないし価値体系のもとに諸機能を配列した他省の存在を等閑視している点で問題であるが、前者についても、調整原則にかんする規定が他号にゆずられたこともあって、相反性基準には、相反する他省との調整の必要性が必然的に含意されていることを明文化しえていない点で不満が残る。

いずれにせよ、行政組織編成基準として相反性基準が組みこまれたことは画期的であるといってよいであろう。行政組織はすべて「公共の福祉」の実現に資するものであり、「政府全体として総合的かつ一体的な行政運営を図ること」がつねに求められるにせよ、その内部においては異なる政策目的や価値体系が併存するのであり、時にそれらの相互間で対立が生じたり紛争が生じたりしても、それ自体は少しもおかしなことではない。その認識から出発しなければならないということなのである。

仕組まれた競合と対立

何度もくりかえし指摘してきたように、国家行政組織をどれほど整然とした「機能と目的の階統制」に仕立て上げようとも、組織単位間の紛争を全面的に回避することなどできはしない。各省ごとに異なる政策目的や価値体系が存在し、それら各省間で限られた行政資源の配分をおこなうとなれば、その組織間関係はおのずと政治的色合いを強く帯びることになる。そのことをわきまえたうえで、省編成にあたって相反性基準を組みこみ、省間の相互調整とそれでは足らない場合の内閣・内閣府レベルにおける総合調整の仕組みを整えようとしたのが、さきの中央省庁等改革であったということができよう。

しかしまた、行政資源配分の組織間関係は今にはじまるものではないのだから、それをめぐる政治力学の展開自体は、それをすべてセクショナリズムと呼ぶか否かはともかくとして、けっしてめずらしいことではなかった。したがって、相反性基準を明示せずとも、政策目的や価値体系が異なる省を相互に張り合わせ、なんとか相互間の調整をはかりつつ、それが難航した場合に第三者による政治的な介入によって事態を打開する方法も、政治的介入の様式こそ違え、以前から採られてきたところであった。また、異なる省庁が共通の政策問題に取り組む共管問題の処理にあたって、そのための独自の政策プログラムの策定と主管省庁による予算の一括計上が認められている場合であっても、それが共管問題であるかぎりつねに行政資源の配分をめぐる関係省庁間の競合と対立は生じうるのであって、むしろそのことを見越して公式・非公式の調整機制が用意されてきたのが真相ではないであろうか。

ここで、ごく最近、大いに話題をよんだ「三位一体改革」に連なる、総務省（旧自治省）と財務省（旧大蔵省）との「地方財政戦争」について取り上げよう。両省の攻防について、それをセクショナリズム的対立の典型例とする論評はほとんど見受けられない。にもかかわらず、それが霞が関における「官僚政治」の典型例であることはおそらくまちがいがないところであろう。両省間の「地財戦争」は、相反性基準が組みこまれる以前からの「仕組まれた競合と対立」の事例であり、そうであるがゆえに、相反性基準が組みこまれたあとでの当事者の対応策を推定する手がかりを与えてくれるかもしれない。

旧自治省設置法の規定をうけて総務省設置法には、「地方公共団体の財政に関する制度の企画及び立案に関すること」が所掌事務とされ、具体的には、「地方交付税法第七条に規定する翌年度の地方団体の歳入歳出総額の見込額に関すること」、「地方交付税に関すること」、「地方債に関すること」などが定められている（第三条四五号以下）。財務省との地財戦争に直接かかわるのは最初の「地方交付税法第七条に規定する翌年度の地方団体の歳入歳出総額の見込額に関すること」であり、そこでいう翌年度の地方団体の歳入歳出総額の見込額を示すのが「地方財政計画」（地財計画）であって、それを閣議決定のうえ国会に提出し公表するのは内閣の権限であるが、実際の策定業務を担当するのは総務省自治財政局である。しかし、国の財政を所管するのは財務省であり、地方財政と密接不可分な関係にあるから、総務省の一存で地財計画を策定することなどできはしない。財務省の所掌事務には「国の財務の統括の立場から地方公共団体の歳入及び歳出に関する事務を行うこと」も明記されており（設置法第四条第一五号）、地方交付税は国税五税にリンクしているから、その積算は財務省にとって重大関心事である。[56]

総務・財務両省の折衝において中心となる地方交付税の仕組みが、それまでの地方財政平衡交付金制度にかえて法制化されたのは、独立後まもない一九五四年のことで翌五五年度の施行であるから、今日まで半世紀が経過している。当然のことながら、その間に交付税率の変更などの制度改変がいくどかあった。国税の一定割合を原資として地方自治体に交付する仕組みに変わりはないが、平成に入ってから、従前の国税三税（所得税、法人税、酒税）に消費税とたばこ税がくわわり、対象税目は国税五税となっている。なお、当初は、特別会計における積み立て・借り入れによる交付税の年度間調整制度は設けられていなかったのだが、制度創設後一〇年経過した六五年度予算のときに特別会計借入金方式がはじめて導入されることになった。この交付税特会の借入金を全額償還したのは、いわゆるバブル時代の終焉期にあたる九一年度であり、その意味で地方財政はバブルのおかげで健全化したということもできる。ところがそれもつかのま、九〇年代半ばには平成不況にともなう国の景気対策のあおりで、いったん廃止した交付税特会の借入金方式を復活せざるをえなくなり、今世紀初頭になって、ついに「赤字地方債」の増発を制度化するまでに立ちいたってしまった。

地方交付税法第六条第一項および第二項で定める交付税率は、現在、所得税、法人税、酒税にかんしては三二%、消費税は二九・五%、たばこ税は二五%である。発足時においては国税三税それぞれの二〇%であり、それ以降、一九六六年度にその比率がそろって三二%になるまで、一二年間に九回も相次いで交付税率が引き上げられた。しかしその後の国税三税については、法人税について、法人事業税の減収額を補塡するための措置として、世紀末の一九九九年度に「交付税の総額の特例」規定が附則に設けられ（第三条の二）、「当分の間」という限定つきで交付税率が三五・八%（九九年度は三二・五%）に引き上げられて今日にいたっている。

したがって、法第六条第一項に定められる国税三税の交付税率にかんしては、すでに四〇年ちかく据え置かれたままということになる。交付税法の規定では「毎年度分として交付すべき交付税の総額が……各地方団体について算定した額（財源不足額）の合算額と著しく異なることとなった場合においては、地方財政若しくは地方行政に係る制度の改正又は第六条第一項に定める率（交付税率）の変更を行うものとする」（第六条の三第二項）とされているのであるが、なぜかこの条文に該当するものとしておこなわれる制度改正はめったになく、ほとんどが同法附則第三項にいう「交付税の総額の安定的な確保に資するための特例措置」としておこなわれている。これまた、「地方財政の状況等にかんがみ、当分の間」認められている特例措置であり、法定主義の原則は崩されていないとはいえ、いかにもその場しのぎに見える。

制度創設のころは、以前の地方財政平衡交付金時代の総額決定をめぐる国と地方の政治的対立を引きついだかたちで中央派と地方派の対立が激しく、地方六団体や自民党政調会地方行政部会を通じた地方利益の噴出をうけて、旧自治庁・自治省と旧大蔵省の折衝も政治的色合いを帯びざるをえなかった。しかし、地方交付税を国税三税の見込み額に結びつけ、総額決定のルールから積算の単位費用、補正係数などの決定ルールを引き離した交付税制度の仕組みそれ自体が、中央・地方両派の政治的交渉にゆだねられる領域を減少させる効果をねらったものであり、その仕組みのもとで旧自治庁・自治省は、各省の個別政策をめぐる政策調整や地域間の財政調整にかんして比較的自律的な決定領域を確保することが可能になった[57]。さきに相互依存関係にある組織間での紛争対応にかんして抽象的に述べたさいの用語をつかうならば、交付税制度の整備によって「相互依存の許容度」が高まり、共同決定における「決定ルール」と「折衝手続き」が整えられたために、政治家集団を巻きこんだ紛争に発展することも少なくなったということであろうか。地方交付税制度をめぐる政治行政過程を考察した古川俊一によれば、そうした「制度の成熟化」にくわえて国庫財源の余裕が乏しくなったこともあって、政治的交渉の余地はよほど少なくなったという。「最近の地方財政対策の交渉はほとんど事務当局で行われ、年末の政府原案を閣議決定する一週間程度前に大臣折衝によって決着する『儀式』が執り行われている」という次第である[58]。

そのほか、地方交付税の機能にも変化がみられるようになった。財源保障と財政調整の機能をはたす交付税は全国の地方自治体の共通財源としての性格を有するが、八〇年代の末ごろから、その交付税が地方自治体にとってのみならず中央省庁にとっても一種の共通財源として作用することになった。前述した交付税特会借入金の全額償還前後のことである。その傾向を比喩的に『中央政府＝各省庁の共通財源』への大転換」と呼ぶ澤井勝の指摘によれば、それを可能にしたのは、地方財源が予想以上の好調を持続したことを背景に、「マイナスシーリングのもとでの各省庁の予算制約によって、地方交付税の利用という政策手段への依存度が高まったこと」に一因があるという[59]。これによって旧大蔵省をふくむ各省庁の旧自治省にたいする評価も大きく変わり、九二年度の地方財政対策にかんして澤井が述べているところに従えば、「それぞれが自治省を有力なパートナーとして歓迎するという態度になっているかのよう」であった[60]。各省所管の補助事業にともなう国庫支出金の減少を地方交付税の増額で担保し、補助事業と地方単独事業との組み合わせによって地方債の増発を招いても、その元利償還金の一部を後年度において地方交付税で措置するというやり方である。

ところが、それからまもなく地方財政の状況は様変わりする。九四年度以降の地方財源不足はふくらむ一方となり、九八年の夏からは大阪府、東京都、神奈川県、愛知県という大都府県において、相次いで財政危機宣言が発せられる事態となってしまった。その一方で第一次分権改革が進展をみせたことにより、地方自治関係者の関心はあらためて地方税財政制度の改革に向けられることになった。そのなかでの「三位一体改革」問題の登場である。

第一次分権改革の成果を踏まえてさらに地方分権を推進するための財政制度改革にかんして、国庫補助負担金、地方交付税制度、国から地方への税源移譲のあり方を一体として見直すという「三位一体改革」は、二〇〇四年度を初年度として三年間におよぶ改革であり、当面の目標としておおむね四兆円を目途とする国庫補助負担金の廃止・縮減が掲げられた。その骨子が整えられたのは、小泉内閣になってから三度目の「経済財政運営と構造改革に関する基本方針二〇〇三」（「骨太の方針」第三弾）においてであって、「新地方自治法」をふくむ分権改革一括法の施行後三年と少し、第一次分権改革を主導した地方分権推進委員会の後継機関、地方分権改革推進会議が活動を開始してから二年が経過していた。

　のちに取り上げるように、総理大臣小泉純一郎の登場を機に、中央省庁再編で内閣府に新設された経済財政諮問会議の存在感は格段と強まったが、その年の六月に取りまとめられた「骨太の方針」第一弾の中で、財務省の抵抗を排して「税源移譲」の四文字が明記されたことが大きかった。そのことにより、分権改革の進展を願った人々は、ほぼ同時期の地方分権推進委員会最終報告で描き出された青写真にそったかたちでその後の地方財政改革が進行することに期待を寄せたのであった。だが、前年春、政府税制調査会あたりからはじまった地方交付税批判はいぜんとしてつづいていたし、自治体の自主性・自立性を高めるための方策とはいえ、税源移譲の前に国庫補助負担金の削減整理を優先させる動きが勢いづいていたこともあって、楽観を許さない状況となっていた。かくして、二〇〇二年「骨太の方針」第二弾の審議過程において片山総務大臣の「三位一体改革の進め方について」（片山プラン）が提起され、その具体案の策定が地方分権改革推進会議に託されることになったのである。

　財務省と総務省の対立が緊迫化したのはその翌年、前記の「骨太の方針」第三弾を取りまとめる直前のことである。地方分権改革推進会議の中心メンバーであった森田朗の記すところによれば、「地方財政制度、とりわけ交付税制度と税源移譲をめぐって総務省、財務省を中心に展開された省間の抗争は、まさに神学論争、むしろ宗教戦争ともいうべき激しいものであった」という[61]。端的にいえば、国家財政の立場に立つか、それとも地方財政の立場に立つかの争いである。しかし、それだけであればいつものことであり、宗教戦争に喩えられるような抗争にまで発展することはない。やはり悪化の一途をたどった財政事情の深刻さが作用したと見るほかはあるまい。それによって両省間における「相互依存の許容度」が著しく低下してしまったのである。

両省の激しいせめぎ合いをうけて、地方分権改革推進会議はまっ二つに分裂し、ことに焦点となった税源移譲策にかんして説得力のある結論を打ち出すことができなかった。そして主戦場は経済財政諮問会議に移行し、それ以外の場における各省次官級および大臣間の折衝もふくめた政治的決着がはかられることになった。さきにふれたとおり、まず国庫補助負担金の廃止・縮減規模についておおむね四兆円を目途とするとしたうえで、問題の税源移譲については、その「八割程度を目安として移譲し、義務的な事業については徹底的な効率化を図った上でその所要の全額を移譲する」こと、これが二〇〇三年「骨太の方針」第三弾における決着である。

政治的決着の演出法

「三位一体改革」をめぐる総務・財務両省の抗争をみるかぎり、それは省庁間の組織過程であるよりも政治過程そのものであるように見える。当事者の一人として森田は「主張を貫き利益を守るために展開された各省間の政治抗争の激しさ、それに投入されたエネルギーの大きさ」をあらためてふり返り、「一連の政治過程は、審議会のあり方を含め、より大きな舞台で展開された壮絶な政治ゲームとみることができる」としている。(62) しかし、両省間で繰り広げられた積年の地財戦争が「仕組まれた競合と対立」であったことを思い起こすならば、「三位一体改革」をめぐる抗争もその延長上に位置づけることが可能であり、組織過程との複合性に留意すべきであるように思われる。

さきにみたように、地方交付税制度の成熟化につれて、政治的交渉の余地はよほど少なくなり、毎年の地財対策もほとんど事務局ベースでおこなわれるようになっていた。ところが「三位一体改革」になると、それとはまったく異なる様相を呈することになってしまった。しかし、このことはけっして奇異なことではない。地方交付税にかぎらず、地方への移転支出の圧縮は財務省にとって組織目標となっており、深刻な財政状態のもとでその目標実現にむけて努力することは必然的ですらあった。それにたいする総務省の現実的な組織目標は地方財源の確保にあり、「財源確保主義」が組織行動原理となっている。(63) その両省が地方分権改革のコンテクストにおいてぶつかり合っただけのことである。その意味において、両省間の政治的対立はその組織過程の中に埋めこまれていたということができよう。組織過程と政治過程とが併存しているといってもよい。

複数当事者間における共同決定ルールについてもさきに取り上げたところであるが、地方財政調整制度の内包する決定ルールにかんして鋭利な考察をくわえた田邉國昭が指摘するとおり、地方財政調整の決定ルールは単一ではなく、いくつかのルールが多層をなし、複合的な機能をはたしているのであって、ひとつのレベルのルール変更があったからといって他のレベルのルール変更が自動的にもたらされるというものではない[64]。この事情は共同決定を構成する三要素にも当てはまる。すなわち、狭義の「決定ルール」と「折衝手続き」と「斡旋・裁定手続き」とは、おのおの別々のロジックで作動するがゆえに、折衝がいかに政治化したり膠着状態に陥ったりしても、そのことで「決定ルール」がご破算になるものでもなければ、ただちに第三者の政治的な「斡旋」や「裁定」を仰がなければならないというわけのものでもないのである。

政治過程と組織過程の交錯は政治と行政の関係でもある。政治的正統性を確保するためには政治が行政に優越していなければならない。行政は政治にたいして従属する。しかし、つねにそうであるわけではない。政策形成にあたっては政治家と行政官の協働が必要とされる。いかに政治主導の確立が叫ばれようと、政策形成をあげて政治家の領分とし、行政官の参画を排除してしまうことなどできはしない。人事・組織管理などの行政管理分野となれば、いたずらに政治が介入すると「善よりも悪を産む」ことになるから、政治と行政の間に明確な仕切りを設けて分離するようにしなければならない。西尾勝が指摘する「統制の規範に基づく優越・従属関係」、「協働の規範に基づく指導・補佐関係」、「分離の規範に基づく相互不介入関係」の三重の関係である[65]。第三の関係はともかくとして、すこぶる厄介なのは第一と第二の関係であり、どこからどこまでを政治と行政が協働しあい、どこから先を政治の領分とするかの仕分けの問題である。

セクショナリズムの政治過程を扱った前章で取り上げた事例に見られるように、どのような状況で調停・仲裁役を演ずる政治家の出番となるかは一定しない。だが、いつごろからか、霞が関の省庁間調整に永田町や有力政治家を引っ張り出すことを避けようという暗黙のルールが形成され、八〇年代半ばの事務次官会議において、政府首脳からそのことを確認するかのように「役所同士のもめごとは役所間で解決し、党〔自民党〕へは持ち込まないように」との要請があったということは注目に値する。また、九〇年代になると、膠着状態になった局面において官邸主導の政治的調整が明確にはかられた容器包装リサイクル法のような事例も出てきている。中央省庁等改革による内閣総理大臣・内閣機能の強化はこのような経緯を経て具体化されたのであって、なにも政治主導確立の掛け声だけで実現したものではないことを知っておかなければならないであろう。

さて、「三位一体改革」の場合はどうであったか。総務・財務両省による省間抗争の主戦場は、いずれも内閣府設置の地方分権改革推進会議から経済財政諮問会議へと移行することになったが、森田の観察によれば、この主戦場の移行は総務省サイドの判断によるものであったという。そのさいに使われたのが、法制上は内閣府設置の総理大臣諮問機関でありながらその事務局を総務省がつとめる地方制度調査会であって、同調査会が地方分権会議の意見と真っ向から対立する意見を提出したことで局面が展開したという見立てのようである。こうして、「以前は……総務、財務両省の調整の場として分権会議〔地方分権推進会議〕を位置付けていたのを、分権会議を財務省の代弁者として位置付け、地制調と分権会議が対立する構図を作り、そして新たな調整の場を、両大臣もメンバーである諮問会

議〔経済財政諮問会議〕に設定しようとした」というのである。(66)

すでにふれたように、「三位一体改革」はもともと経済財政諮問会議マターであって、総務省の判断で「新たな調整の場」が設定されたというものではないが、あらためて調整の舞台が経済財政諮問会議に移されたことにより、各省、閣僚間の折衝・協議は少なくなるどころか、いっそう激しくなった。そうなると、いよいよ総理大臣による政治的決着を期待するしかない。地方制度調査会の意見が提出された当日、片山総務大臣は、「山のように諮問会議がある中で、いろいろな意見が出るのは悪くないが、最後に決めるのは政治だ。〔三位一体改革の具体案を示す〕骨太の方針を決める経済財政諮問会議の議長は総理であり、総理のリーダーシップに期待するのは当然のことだ」と語ったという。(67)おそらく、このことに異論を差しはさむ者はいないであろう。中央省庁等改革で経済財政諮問会議を新設したねらいもそこにあったからである。

ただし、どんな制度もねらいどおりに機能するわけではない。経済財政諮問会議の存在感が高まったのは小泉内閣になってからであり、そのこと自体、総理大臣の人的要因によるところが大きいことを物語っている。その小泉総理ならば、ここで当然、自ら裁定に乗り出してくるのではないか。そのように考えて不思議はない。ところが、案に相違して、そうではなかった。国庫補助負担金を二〇〇六年度までに四兆円程度削減することの決定を除いて、「三位一体改革」そのものの肝心な中身については、小泉総理大臣が積極的な発言をすることは最後までなかったようである。

「経済財政諮問会議に求められるのは、霞が関の権益争いの差配ではない」。このように「三位一体改革」について取り上げた当時の新聞社説は論じている。[68] しかし、現実にはそれが求められていたにもかかわらず、期待されていた政治的決着のスタイルとしての「総理のリーダーシップ」による決着ではなかったところに、多くの人々は不満を感じたのではなかったろうか。期待されたような政治的決着がなされなかったために関係各省は、「自己に有利な首相の最後の決断を期待するよりも、より安全な当事者同士の合意を選択し……問題を『先送り』した形で、文章表現について合意するしかない」結果に終わってしまったのである。[69] 実は、そのことにこそ、この国の政治と行政の関係をめぐる問題状況が如実に表現されているとみるべきである。

いうところの「霞が関の権益争い」の結果としてそれを政治的に差配することができなくなったのではなく、むしろ因果関係はその逆である。すなわち、総務・財務両省間を中心とする省間の「折衝手続き」を超えた内閣レベルでの核心的な問題にかんする「不決定」のゆえに、経済財政諮問会議が策定する「骨太の方針」の文章表現をめぐる省間折衝によって一応の決着をつけざるをえなかったのであった。むろんそこには、従前の地方財政にかんする「決定ルール」の見直しに取りかかる用意が整わない状況のもとで、その「決定ルール」を温存させたままなんとか当面の事態を乗りきろうとする総務・財務両省の組織化戦略が作用していたであろう。『組織化の社会心理学』を著したK・ワイクの表現を借りるならば、個々の組織にとって組織環境は受動的に反応することが求められるだけのものではなく、自らこれが組織環境だと自己規定し、そのもとで自らの演出法に従って組織化の戦略的行為を上演する「自己規定的環境」(enacted environment) なのであって、[70] そうした組織環境の設定にあたって、もしかすると総務・財務両省は表面上の対立関係を演出しながらもその裏では存外と連携しあっていたのかもしれない。それが政治過程と組織過程が交錯し、政治と行政の関係が問い直されるなかで、自己の存立をはからなければならない組織体にとってのひとつの知恵だからである。

「三位一体改革」はこれで終わりではない。翌年（二〇〇四年）の「骨太の方針」第四弾を経て、二〇〇六年度までの「改革の全体像」が提示されるまでの過程などは、それまでと同一ではなかった。経済財政諮問会議における小泉総理大臣の指示も、国庫補助負担金整理案の策定に全国知事会をはじめとする地方自治体の全国団体（地方六団体）を巻きこんだこともふくめて、数度におよんでいる。それより何よりも、総務・財務両省間の争いにくわえて、それぞれの国庫補助負担金を所管する各事業省の動きが格段と活発となり、「霞が関の権益争い」はますます加熱化する様相を呈することになった。各省と結びついた利益団体や政権党の議員集団による圧力行動もあからさまであった。各省間の組織過程を超える、より広範な政治的アリーナにおける圧力政治の全面展開である。

その年の政治過程は、政府・与党間での政治的合意（「三位一体改革について」二〇〇四年一一月二六日）によって一応の決着がつけられたのであるが、周知のように、それとて当座の合意でしかなく、さらにその翌年に持ち越されることになった。どんな演出法による政治的決着であれ、行政資源配分をめぐる組織間関係からすれば、いわば幕間の寸劇にすぎないということである。

終章　求められる対応指針

序章のはじめに、わが国の「官庁セクショナリズム」にかんする定説的見解を念頭において、本書を貫く問題意識をいくつかの問いかけの形で記した。すなわち、まず、セクショナリズムは行政官僚制に特有のものなのか、それはわが国の中央省庁においてことさら激しく見られる現象であるのか、そもそものこととして、それは諸悪の根源であるのか、ということであった。これらの問いかけにたいする私の回答は、端的にすべてついて「ノー」である。だが、それだけのことを言うためであったなら、あるいは本書にわざわざ取り組む必要もなかったのかもしれない。そのうえでさらに私はつぎのように反問した。セクショナリズムが弊害をともなうことはそのとおりだとしても、それが諸悪の根源であるかのように即断するのはあまりに短絡的で、一面的にすぎるのではないか、また、セクショナリズムを病理現象としてのみとらえる視点では、それがもたらす弊害に効果的に対処することもできないのではないか、と。

本書で、セクショナリズムの歴史過程、政治過程、そして組織過程について、それぞれ章を分けて考察したのは、何よりもセクショナリズムにかんする短絡的、一面的把握を拒もうとしたからである。セクショナリズムはすぐれて複合的な現象であり、短絡的、一面的に割りきってとらえることなどできはしない。ましてや、それを諸悪の根源であるかのように断定してすますことなど許されることではない。本書の第Ⅰ章から第Ⅲ章までの考察は、ほとんど、そのことを明らかにするために費やされた。

さて、それでは、セクショナリズムがもたらす弊害に対処するにはどうしたらよいのであろうか。個別のケースごとに必要とされる処方箋まで用意することはできないものの、せめて、セクショナリズムにたいしてどのように臨んだらよいかという、一般的な対応指針を考えられないであろうか。そんな思いから、そうした対応指針を考えるうえで留意すべき三つの視点を以下に整理しておくことにしよう。

これまでの行文中すでに示唆してきたところであるが、第一の点が最も基本的な視点であり、官僚制組織における紛争のとらえ方そのものにかかわる。すなわち、セクショナリズムをおぞましい病理現象としてだけ処理するのではなく、組織の生理に根ざした現象としてとらえ、行政官僚制において紛争の発生が当たり前のことであるとみなすとらえ方へと変換すべきことをあらためて主張しよう。

ついで第二に、右の点に関連して組織管理的見地からは、泥沼化が予想される紛争の発生を制御し、病理現象への転化を防ぐための「紛争マネジメント」の視点の自覚的導入が必要であることを指摘しておこう。そして第三に、これが基底にある問題関心でもあるが、公共的問題にたいする市民精神のあり方を問う観点から最後に行政官僚制の外部に目を転じ、行政官僚制における紛争を自分たちの政策論議に結びつけることが求められていることに注意をうながしたいと思う。

「紛争を許容する官僚制」のモデル

代表的な組織類型の中で官僚制組織といえば、明確な権限の階統制構造とそれにもとづく上下の厳格な規律によって特徴づけられるのが通例である。こうした官僚制組織の把握を今日にいたるまで世間に広げ、浸透させることになったひとつの重要なきっかけは、二〇世紀を代表する社会科学者の一人、M・ウェーバーの官僚制論にある。どうやら、そのことにまちがいはなさそうである。

「事務局支配」を原義とする官僚制概念の形成は、ウェーバーが生まれるより一世紀も前のことであり、ウェーバーにおける用法も、フランスをはじめとするヨーロッパに広がった官僚制概念の用法を継承するものであって、なにもあるべき官僚制の姿を論じたものではなかったのだが、そんなことはおかまいなく、彼の理解社会学による概念化の方法で提示された官僚制組織の理念型が、それこそ十分な理解を得ることもなく彼の死後も独り歩きすることになってしまった。権限の原則、階統制の原則等々の諸原則からなる、ピラミッド型の一枚岩的組織のイメージがそれである。

わが国の場合は、この事情にくわえて、法制度面からの国家行政組織のとらえ方が大きな影響をおよぼすことになった。このことについては少しふれる機会があったので（第Ⅱ章第2節）、ここでくりかえすことはしない。いずれにせよ、行政官僚制の組織形態についてのステレオタイプ化したイメージがまかりとおり、こともあろうに国家行政組織の全体についてすらそれを当てはめてしまう結果を招くことになっている。しかも、なぜか行政官僚制にかんして私たちは、一種のないものねだりをしがちとなる。私たちの多くが身をおいている組織体のどれをとっても、その内部に亀裂や対立がまったくない組織など見当たらないにもかかわらず、国と地方自治体を問わずその行政組織にたいしては、つねに打って一丸となって事に当たり、一糸乱れず行動することを求めようとする。私たちが抱く規範的イメージと実態との乖離は広がる一方である。

もとより、現実の官僚制組織にかんする知見の蓄積はそれなりにある。ウェーバーの死後すでに八〇年以上もたっているのだし、企業組織を対象にふくめれば、第二次世界大戦後に隆盛をきわめた組織研究の成果に学ぼうとする試みも数知れない。現実の企業経営において直面する隘路の打開にあってさまざまな組織改革が企てられ、そのたびに類似の先行事例のみならず、その理論化を試みた先行研究の成果をなんとか反映させようとする幾多の努力が重ねられてきた。ところが、である。こと政府の行政官僚制の組織改革においては、ほとんどそうした積み重ねがなされることはない。これが自治体政府であれば、それでもまだ、たとえば「課制廃止」に踏みきるようなケースもないではないが、中央省庁においてその種のことを試みた事例などは寡聞にして聞かない。まるで「我関せず焉」である。

ひところの組織研究においては、官僚制組織における弊害を改善するためには官僚制的組織編成をやめるしかないという、「官僚制の超克」学派もしくは「脱官僚制」学派の主張が勢いを得たことがある。「X理論」にたいする「Y理論」（D・マグレガー）や「システム1」にたいする「システム4」（R・リカート）など、わが国でも一定の人気を博した人間関係論的系譜の管理システム論と気脈を通じた理論潮流といってさしつかえない。見られるとおり、これらはいずれも「ウェーバー・モデル」に対峙させて新しい組織編成モデルを提示し、その優越性を強調するものであった。自治体政府における「課制廃止」の企ても、それが波及した一事例である。そうした「ウェーバー・モデル」にたいする対抗理論の形成やそれにもとづく改革実践例は、一九八〇年代以降の主要先進国における公共部門改革に大きなインパクトをおよぼした「新しい公共管理」（NPM）の運動まで絶えることがないが、その国際的流行を通じて、ウェーバーの官僚制論はすでに過去の遺物でしかないとする見方が一般的になりつつある。

それにもかかわらず、私たちが行政官僚制について抱く規範的イメージは、多くの場合いぜんとしてステレオタイプ化したピラミッド型の一枚岩的組織のイメージでしかない。このことがいかに奇妙で不可思議なことであるかは、私たちがウェーバーの官僚制論をじかにひもとき、またウェーバー後の地道な官僚制組織研究の展開を自分で一通り追跡してみるならば、いっそうはっきりしよう。

ここで詳論する余裕はないが、ウェーバーは現実の官僚制組織が彼自身の策出したその理念型どおりであるとか、まして理念型どおりであるべきだと主張したのではさらさらなく、もっと複合的な社会的関係であることを明確に認識していた。彼の理念型による官僚制組織の把握にたいしては、周知のように、R・マートン以降の「官僚制の逆機能」学派によってその一面性がクローズアップされ、「予期せざる結果」の発生メカニズムを解明する一連の研究がつづくことになったのであったが、少なくとも、官僚制の病理がその生理に根ざすものであるという基本的命題にかんしては、すでにウェーバーにおいて十分にわきまえられていたところであった。

もちろんこのことは、ウェーバー後の研究の意義を否定するものではない。逆機能学派の一人、A・グールドナーの業績によって代表される「構造的緊張モデル」にみられるように、組織の構造的諸要素もしくは組織過程そのものの中に内在する各種の組織的緊張(organaizational tensions)への着眼にこそ現代組織理論のひとつの特徴があったのであり、その出発点となったのは、ウェーバーの著作の英訳過程における「専門的能力にもとづく権威」と「地位にもとづく権威(権限)」との「権威の源泉の分岐」にかんする発見であった。そこからライン・スタッフ間のコンフリクトをはじめとする組織コンフリクトの潜在的要因を解明しようとする分析視角が成立することになったのである。(1)

これにそれ以外の研究系譜もくわわる。第二次大戦後のはなばなしい組織研究の展開を引き合いに出すまでもない。そこにたどりつくまでにも、のちにふれるとおり、組織にとって紛争は活力の源泉であって、組織のイノベーションをもたらす契機でもあることを雄弁に論じたM・P・フォレットの独自の理論もあった。さらに、省庁間のセクショナリズムにかかわる部省編成論について、その代表的論者であるギューリックの立論に注意をうながしたところから察知していただけるように、古典的組織理論においてすら、とかく私たちが陥りがちな一枚岩的イメージで現実の組織をとらえていたわけではなかったことをあらためて想起すべきである。

このように見てくると、官僚制組織が組織的緊張や紛争と無縁なものであるどころか、むしろ不断に組織的緊張や紛争が生み出される組織形態であることの認識に立たなければならないことが判明する。言ってみれば、官僚制組織の研究はそのことを公理的前提にしなければならないのである。むろん、学問的関心と実務的・実践的関心とが同一でなければならないということではない。しかしそれにしても、官僚制組織の構造的特質から生み出される組織的緊張や紛争をすべて病理現象であるかのような思いこみにもとづいてとらえることは害あって益なしである。セクショナリズムについても同様である。

組織にとって分業はことのはじまりであり、「なされるべき仕事」(業務・事務)の分担の仕組みが組織であるから、その業務をグルーピングした各レベルの組織単位の設計によってフォーマル組織の輪郭が決まる。本省組織の場合、具体的には、各省設置法に定められる一連の所掌事務をみればおおよその見当をつけることができるように、それらの事務を所管する組織単位をどのように配列するかがポイントである。設置法上、その内部部局は、官房と局、部、課および室という順序で組織単位を配列することになっており、各省の所掌事務もこの順序で分配されることになっているが、個別の所掌事務を担う実行的組織の基礎単位は課であって、個々の法律を所管するのも各課である。したがって、個々の法律に従って遂行される行政事務についていえば、どの省のどの局がそれを所管しているかを確認するだけでは足りない。その行政事務にかかわる政策の形成、実施のいずれにおいても、課があって局があり省があるのであって、その逆ではないのである。

しかも政策問題のそれぞれは、さまざまな法令の適用をうけ、所管省も一省にとどまらない。たとえば、土地利用規制ひとつをとってみても、その基幹的な規制法として、国土交通省主管の都市計画法をはじめ、農林水産省主管の農業振興地域整備法、農地法、森林法、それに環境省主管の自然公園法と自然環境保全法といった諸法律が並ぶ。さらに特定の地域や施設を対象とする個別的な規制法をそれにくわえるとなれば、宅地造成等規制法、工場立地法、文化財保護法、河川法、砂防法、急傾斜地法（がけ崩れ防止法）、都市緑地保全法など、数多くの法律がふくまれることになる。したがって、仮に土地利用規制のあり方を見直すとなれば、関係課・局・省間の折衝はおのずと複雑なものになってくる。これが同一局・省内であれば、局の総務課あるいは大臣官房の調整に多くをゆだねることになるが、他省との折衝となると、すでに取り上げた多くの事例が物語っているように官房相互間のやりとりや省間の「相互調整」だけで終わらず、問題によっては内閣および内閣府の「総合調整」にゆだねなければならなくなる。調整がこじれて紛争にいたるのは少しも不思議なことではない。むしろ当たり前のことですらある。

かくして、現実の行政官僚制について分析するためのモデルとなれば、「紛争を許容する官僚制」のモデルにならざるをえなくなる。端的にそれを表題としたE・リトワークの論文が『アメリカ社会学ジャーナル』に登場したのは、先述の「官僚制の超克」学派が勢いを得た時期のことであり(2)、それからすでに四〇年余がたっている。セクショナリズムに由来する組織紛争についても、はなからそれを忌避するのではなく、まずもって組織生理に根ざした生理的事象としてクールにとらえ返すのでなければならない。中央省庁の再編にあたって、「相反性」基準が導入されたことの意義は、この意味においても小さくなかったのである。

「紛争マネジメント」の視点

官僚制組織にかぎらず、組織化された社会関係において紛争の発生は避けられない。この紛争をどのように制御し管理するか、効果的な「管理的介入」(managerial intervention) の方策はどのようなものであるのか、それを問題にするのが「紛争マネジメント」である。くりかえすまでもないが、この視点の形成にあたっては、既述したような組織紛争そのもののとらえ方、紛争観の転換があった。すなわち、組織事象において紛争は不可避であり、とりわけ組織環境の変化にともなう本質的要素であって、社会システムとしての組織にとって破壊的であるよりはむしろ「システム統合的」機能をはたしうる、という見方が定着してきたことがその前提にあった。

広く「社会的コンフリクト」を対象とした研究や理論の展開史をここで扱うことはしない。マートンの機能分析の影響を強く受けたL・A・コーザーの一九五〇年代中葉における記念碑的業績[3]にしても、コンフリクト概念について「葛藤」の訳語をあてるものもあれば「闘争」の訳語をあてるものもある。用語の選択ひとつをとっても、そのとらえ方の違いが反映する。また、紛争研究においては、対象の焦点化にあたって、しばしば「競争」との異同が指摘される。どちらも争いに違いがないが、当事者間で共通のルールが承認されていて、同一のゴールをめざした平行した争いである場合は「競争」、ゴールが同一であろうとなかろうと、一方が他方の努力に干渉したり妨害したりするところから生ずるものを「紛争」と定義されるのが通例である。しかし、いわゆる事務配分の共管競合に由来するセクショナリズムのように、競合から対立が生ずることはめずらしくなく、あまり厳密な概念定義をしてしまうのも考えものである。

ここでいう「紛争マネジメント」の視点の形成をうながした紛争観の転換は五〇年代以降のことであるが、それよりもかなり以前に組織経営のダイナミックな把握を提示したことで知られるフォレットの議論にふれておくことにしよう。[4]社会過程のダイナミズムの源泉を「差異（difference）」に見いだし「画一性（uniformity）」を嫌う彼女にとって、紛争は即病理ではない。それどころか「生活のエッセンス」である。「紛争すなわち差異は、この世の中につきものであるがゆえに、われわれはそれを回避することはできない。思うに、それを利用（set it to work for us）すべきである。紛争を悲観するかわりに、われわれのためになるように働かせるべきである」。むしろ、「差異が発現し集中化する契機としての紛争は健康の兆候であり、進歩を予言するものである」[5]。しかし、すべての紛争がそうであるわけではない。一方が他方にたいして犠牲をしいる抑圧や双方の単なる妥協ではなく、双方の「統合」の途を求める観点からするならば、統合にいたらない差異、統合への努力に破壊的に作用する紛争は病理的なものと言わざるをえない。紛争にも建設的なそれと病理的なそれとが存在するのである。

紛争解決の方法としての「統合」の優位性を主張するこうしたフォレットの所論にたいしては、なんとそれを「無葛藤の仮定」と呼ぶ批判もある。紛争当事者のいずれもがなんらの犠牲を払う必要のない方法など、そんなに簡単に見つかるものではないし、そんなことが可能であるならば、紛争解決を旨とする政治も不必要になってしまう、と言いたいのであろう。(6) セクショナリズムの典型とされる中央省庁間の紛争についても、同様なことが言えるのかもしれない。それ以外のケースもふくめて、統一体としての組織の一体性を確保するには、やはり最終権限が付与されている最終権威者の政治的裁決によらざるをえないのではないか。このように反論することもできる。しかし、その文脈においても、フォレットが「最終権限の錯覚（illusion of final authority）」もしくは「最終の誤謬（fallacy of finals）」を主張していたことを想起すべきである。最終権限や最終責任の観念が「決定の真の性格にたいして、あまりにも長い間私たちを盲目にしてきた」。あるいは、「私たちが研究を最も必要としているのは、決定というものの成長であり責任の積み重ねであって、最終段階ではないのである(7)」と。これまたいかにも楽天的に見えるかもしれない。フォレットとて最終権限の存在まで否定しようというのではない。「ただそれを過度に強調することにたいして異を唱え、決定は通常一つの過程を通して達せられるという事実を無視することにたいして反対しているのである」と、このように主張したのであった。(8) 是か非かの二者択一的な問題ではないということである。

もちろん、フォレットの主張によって、組織紛争への効果的な「管理的介入」の方法を探る「紛争マネジメント」論のすべてを代弁させることなどできるはずもない。学ぶべきは、その視点である。紛争解決にあたって、とかく権限にものをいわせたり政治的な解決をはかろうとしがちになるが、そこにいたる前に、紛争を回避せず、むしろそれを利用すべきだとする「管理的介入」の基本的視点がそれである。権限の階統制の確立に主眼をおいた古典的組織理論の確立期において、それとは相当に異なる方法論的立場から「統合の哲学」を説いたフォレットの洞察は今なお多くの示唆を与えてくれるように思われる。

そのうえで、その後の組織研究の成果を組みいれていくとなれば、それはそれで容易ならざる課題である。さきに挙げたリトワークの「紛争を許容する官僚制モデル」に関連していえば、それが主眼としたのは、「潜在的に相対立する社会関係がなんらかの共通の組織目標に調整される手続き」としての「分離機制（mechanism of segregation）」を解明することだったのであるが、フォレット流の「統合」概念を用いてそれを「分離を通じての統合」メカニズムの解明と言い換えてよい。しかし、そのさきが問題である。有意味と思われる組織研究の一例として、部門間関係にかんするD・J・ヒクソンらの戦略的コンティンジェンシー理論を一瞥しておこう(9)。

そこでは部門間関係の権力関係がストレートに取り上げられる。ある部門の行動がなぜ他の部門の決定によって拘束されるのか、部門間の権力分布における格差はどのような構造的条件のもとで生ずるのか、さらには、各部門の業務遂行によって全体組織の最終アウトプットが大きく左右される場合に、どこまで各部門の活動を制約するコンティンジェンシーを制御できるか、そのことを明らかにしようというのである。そうなると、各部門の「不確実性への対処」能力にかんする仮説を中心に、業務活動の性格にかかわる操作可能な諸変数を析出し、相互の関係を命題化する努力を積み重ね、しかもそれを効果的な「管理的介入」方策と結びつける必要が生ずる。だが、どうだろうか。ヒクソンらが整理した業務活動の性格にかかわる変数は、「広汎性（pervasiveness）」「即時性（immediacy）」「中心性（centrality）」あるいは「代替可能性（substitutability）」といったカテゴリーでくくられているのだが、実際上、そこまでたどりつくには、まさに道遠しである。

それにもかかわらず、なぜ、「紛争マネジメント」の視点の重要性を主張するのか。このことについて、第Ⅱ章および第Ⅲ章の臨調答申にかんする記述を補う意味もふくめてふれておきたいと思う。さきに指摘したように、第二次臨調においては部会報告の段階で、「縦割り行政」の不可避性とともに、各省庁の競合が行政の活力を高める機能的効果をもっていることの意見集約がおこなわれていたのが、最終答申段階にいたって、「セクショナリズムの弊害を人事管理面から打破していくことが重要である」と結ばれることになった（第Ⅱ章第1節）。問題のポイントは、どうして人事管理面からであるのか、という点である。このことは、実は第一次臨調以来のことであって、その点について他の箇所では、第一次臨調答申の「共管競合による不都合の発生」をもたらす一般的原因について述べた部分を引用し、セクショナリズム発生の根因として「行政官の姿勢の問題」が焦点化されたことに注意をうながした。そして「この点を問題にすると論旨の逸脱を招くおそれが多分にあるので、のちに終章であらためて言及することにしたい」とした（第Ⅲ章第1節）。問題の根は浅くはないのである。

念のため、第一次臨調答申において、「共管競合による不都合の発生」という調整機制の問題からいっきょに「行政官の姿勢の問題」に転じ、それを重視する理由についてどのように述べられているかを確認しておこう。すなわち、「なぜなら、セクショナリズムや権限拡大欲、さらには官庁間の相互不信の念などが、共管競合によるさまざまな不都合発生の根底にあって、それを激化し、その解決を困難にしていると認められるからである。これらのことがなくなれば、共管競合による不都合のほとんどは自然のうちに改善されるといっても過言ではない。このような行政官の悪い姿勢は、直接には個々の公務員の心構えの問題であるが、それが官庁全体を支配する抜きがたい陋習となるに至った根本の原因は、採用から退職後の再就職に至るまでのすべての人事が基本的に各省別になされ、これらの面での各省間の横断的関係づけのルートが皆無に近いという人事制度のあり方にあると考えられる(10)」。こういう次第である。

なるほどたしかに、各界の実務者によって「組織は人なり」という御託宣がしばしばくだされているとおり、組織活動の実態はそれを具体的に担うメンバーによって、また頂点に立つ人物が誰であるかによって大きく左右されるところがある。そうした側面があることは否定できないにせよ、組織構造や組織過程の問題をすべて人事管理の問題に還元しさることなどができるはずもないし、まして成員の単なる「心構えの問題」にいっきょに転換してしまうことなどは問題のすりかえでしかない。それは論旨の逸脱どころか、問題の矮小化をもたらしかねないのではないだろうか。セクショナリズムの弊害を打破しようというのであれば、何よりもセクショナリズムが人の問題であるよりは組織の問題であることを見抜くことが先決であり、組織管理的見地から組織紛争の必然性をとらえることが肝要である。

このように、「紛争マネジメント」の視点の自覚的適用は、まずは組織管理的見地からの取り組みを要請し、セクショナリズムが病理現象に転化することを防止するための管理手法やスキルの自覚的修得をうながすものであるが、おそらくはそこにとどまるものではないであろう。人事管理のあり方や情報管理のあり方などの包括的な「リソース管理」の仕組みや仕掛けにも波及するであろうし、さらに、セクショナリズムなどの組織紛争のほとんどが実体的な政策問題をめぐる争いであることに留意するならば、A・ダウンズ以来の「政策空間」の管理問題としてそれをとらえ返すことが必要ともなろう。[11]やや学問的な課題としていえば、私たちにとってなじみがありながら、その実、見過ごされてきた行政管理論の再構築へと向かうことが求められているのである。

「討議デモクラシー」との接続

さて、私たち市民は行政官僚制におけるセクショナリズムにたいしてどのように臨んだらよいのだろうか。最後に取り上げたいのは、市民的関心からするセクショナリズム問題への接近法である。

さきに指摘したように、なぜか行政官僚制にかんして私たちは、一種のないものねだりをしがちとなる。そんなことはおよそいかなる組織においてもありえないことであるにもかかわらず、国と地方自治体を問わずその行政組織にたいしては、つねに打って一丸となって事に当たることを求めようとする。だから、そこにおいて部門間の対立が生じたり、その解決にてまどって統一的な意思決定に遅れが生じたりすると、いっせいに非難の声をあげ、セクショナリズム批判をあびせることになる。

だが、私たちが私たちにとって身近な個別の具体的な公共的問題について論議をかわすとき、いったいどこまで意見の一致をみるだろうか。中央各省間で、また自治体行政組織の部門間で対立を生み出しているどんな問題でもよい。自発的な参加者を募ってその問題を私たちの市民的討議に付した場合、それが短時間の一―二回かぎりのものであれば、ほとんど必ずといっていいほど合意形成に失敗するであろう。当該の政策問題にかんする情報量や関連情報の分析能力も不十分であるし、市民間でかわされる議論の水準にしても最初から高い水準を望むことはできないであろう。もしかすると、各省・部門間での意見のくい違い以上に大きな意見のギャップが残るだけかもしれない。

行政官僚制を一枚岩視してかかるべきでないことについて、もはやくりかえそうとは思わない。ここでは、セクショナリズム的対立や紛争が起きても、それをあるまじきこととしてやみくもにその根絶をはかるのではなく、むしろそれを「利用する」視点が必要だということを、行政官僚制内部の組織管理的見地よりは、その外部の市民社会との関係においてとらえ返してみたい。

分かりやすくするために、身近な問題の一例として、都市計画道路の整備事業を取り上げてみよう。土木建設部門からすれば、その整備事業の推進は任務であり使命である。「どうせつくるなら、いい道路をつくりたい」と考えるであろう。財政部門からすると、それ以外にさまざまな事業があるのだから、道路整備事業だけを特別扱いすることはできない。「限られた予算の中で、よりよい道路をつくってもらいたい」と言わざるをえない。生活環境の保全を担当する保健衛生部門からすると、通過車両の増大にともなう環境被害のことを考え、「地域住民の健康を第一優先に」と注文をつけるだろう。仮にその道路整備事業が歴史的な文化遺産の保存にかかわるようなことにでもなれば、その担当部門は慎重な配慮を要請し、たとえ事業の遂行に重大な影響があっても、「文化財の保存あっての豊かさであり生活利便ではないか」と迫るかもしれない。どの部門の言い分にも理があるということである。

しかも、こうした意見や利害の対立は行政内部だけにとどまらない。それは市民社会における対立の反映でもある。ここではそのことがとりわけ重要である。道路整備事業にかぎらず、各種の公共事業をめぐって、とかく開発派と反対派の対立をクローズアップし、開発派のバックに控える業界と行政の癒着、それに反発する住民の反対運動といった単純な図式が横行することになるけれども、ことほどさように簡単に割りきれるものではない。いわゆる「合意形成論」が唱えられ、行政の意思決定過程における住民参加の重要性がくりかえし主張されるが、それは合意形成のむずかしい意見の対立が市民社会に存在し、単純に賛成・反対両派に二分できない多様な意見の存在があればこそであって、掛け声どおりに首尾よく運ぶことがあらかじめ約束されているものではないのである。

もちろん、意見がまっ二つに割れてしまった場合、政治的決着をつけなければならないこともある。住民投票に訴えるケースも起こりえよう。その必要性まで否定するつもりはまったくない。けれども、政治的決着をつける前にやらなければならないこと、やったほうがよいことがある。お互いの議論がそれである。そのときに行政部門間での意見の対立が少なからず参考になる。「利用する」とはその意味である。

セクショナリズムの政治過程を扱ったさいに、いわゆる官僚政治をいろどる組織紛争が当事者間の議論の応酬によって特徴づけられることについて指摘し、G・マヨーネの主張にも言及した（第Ⅱ章第1節）。彼が強調したのは「政策分析の議論的機能」であったが、そこでいう政策分析は問題解決志向型の専門技術的なそれだけをいうのではない。しかし、たとえそれが専門家による専門的分析であっても、「討論による統治システム」においては、問題解決の公式技術よりも議論の過程といっそう深く結びついているのであって、その意義を論ずるのに最終的な政策決定にどの程度の影響をおよぼしうるかということだけに執着するのはまちがっている。どのような公的討議を経て決定にたどりついたのか、また、その決定が公的討議の場において正当化しうるかどうかが問題なのである。彼は述べている。「今日、基本的に必要であるのは、政策決定のあらゆるレベルにおける批判的論争の方法と条件を改善し、その批判的論争の制度化をはかることである。実際、公的討議の過程に適合した批判的探求の方法を開発する企てとなると、民主主義の原点にまでさかのぼることになる」と。[(12)]

折しも、政治学および公法学において「討議デモクラシー（deliberative democracy）」論が脚光をあびているようである。定訳をみていないが、これはひとつには、deliberation という場合に、参加者自身の熟慮・熟考に重点をおくか、それとも他者との討議・審議・協議という側面に重きをおくか、そのいずれであるかによって若干とらえ方が異なることにもよっている。「熟議デモクラシー」

の表現もかなり見受けられるけれども、篠原一著『市民の政治学――討議デモクラシーとは何か』[13]の刊行によって社会的に広く知られるようになったことを配慮して、それに従うこととした。篠原の整理によれば、代議制デモクラシーを原型とするデモクラシー論において、一九七〇年前後に参加デモクラシーの論議が活発になった。そして「さらに、一九九〇年前後から、参加だけでなく、討議の重要性が再認識され、とくに政治の世界の討議だけでなく、市民社会の討議に裏づけられない限り、デモクラシーの安定と発展はないと考えられるようになった、これが討議デモクラシーである」。

民主政治において討論や討議が重要であることは古くから認識されていた。マヨーネがいう「討論による統治システム」とは民主主義のことにほかならず、彼がそのことを主張するにあたって挙げる、J・S・ミルやW・バジョットからA・D・リンゼイやE・バーカーにいたる自由主義理論家たちの主張は、私たちにとってもなじみが深い。これにたいして討議デモクラシー論では、篠原のとらえ方にもみられるように、「市民社会」での討議に重心がおかれる。また、おもにJ・ハーバーマスの公共性論における「公共圏」の思想などをベースに組み立てられることが多い。そこでは、私的領域としての家族の外部に成立する本来的な公共空間として、「非国家（non-state）」および「非市場（non-market）」の二つの要件を充足する「市民社会」でのそれを想定することになる。したがって、国と自治体とを問わず、行政官僚制はその埒外におかれてしまい、相も変わらず、行政対市民の対抗関係だけが強調されがちとなる。

ところが、その一方でわが国では、「公共性の空間」の再定義が求められることになった。もはや

「公共性の空間」は中央の「官」の独占物ではないし、これに自治体行政をくわえた「行政」の独占物でもない。「地域社会や市場も含め、広く社会全体がその機能を分担していくとの価値観への転換が求められている」というのである(14)。世紀末の行政改革の処方箋をまとめ上げた行政改革会議最終報告における提案であり、その後の司法制度改革においても同じ考えが引き継がれた。このことの意義をどのように評価するかである。公共性の機能の分担を市場にまで求めたことについて、それを危険な思想視する見方もあるようであるが、少なくとも公共サービスの供給システムを制度設計するにあたって市場がはたす役割を度外視することはできないし、「新しい公共」の形成をめざす市民的活動においては、自らの専管領域にかんする排他的な境界設定をあらかじめおこなうよりも、開かれた公共空間の設定を考えたほうがよいであろう。行政官僚制の位置づけにかんしていえば、やや運動論的視点になるが、市民社会と敵対するものとしてではなく、市民社会の中にそれを包摂するものとしてとらえ返すことが必要となろう。包摂とまでいかずとも、相互のリンケージを考えていかなければならないことについては多くが納得するのではないだろうか。

個別の公共的政策問題にかんする市民的討議の重要性をどれほど強調しようとも、そこには多くの難題が待ちかまえている。前提条件のひとつとしての、必要かつ十分な関連情報の提供と共有ということも、言うは易く行うは難しの一例である。しかし、関係行政機関の相対立する立場や見解については、新聞報道などのメディア情報にくわえて、それぞれが関連する審議会の答申やその審議過程で提出された資料をインターネットを介して入手することもかつてとくらべればかなり容易になってきている。行政部門間の争いは、とりわけ政策論議の論点整理にあたって有用であろう。どんなことをめぐって、どのように対立しているかを知る手がかりとなるからである。また、その過程において、各分野の政策論議において専門家のはたすべき役割についてもあらためて問われることになろう。藤垣裕子によれば、科学技術に関連する意思決定モデルについて、「公共空間モデルは、科学の専門家と政策決定者と公共との関係を描く新しいモデルを提供する」という[15]。そこにおいて、参加市民によって構成される「公共」は科学的専門家と政策決定者との相互作用における「仲介的」役割を期待されているのだが、分野によっては専門家がその役割をはたさなければならないこともあるであろう。行政部門間の争いが顕在化するなかで、それぞれのアクターが自己再定位をしなければならないということである。

自己再定位を求められる点では市民も例外ではない。それというのも、行政官僚制における紛争を自分たちの政策論議に結びつけることができるかどうかは、何よりも、公共的問題にたいする市民精神（シティズンシップ）のあり方にかかっているからにほかならない。

[注]

序章

(1) 伝統的な行政組織法論とその再構成について、さしあたり、藤田宙靖『行政組織法（新版）』（良書普及会、二〇〇一年）および稲葉馨『行政組織の法理論』（弘文堂、一九九四年）を参照されたい。

(2) 松下圭一『市民自治の憲法理論』（岩波新書、一九七五年）参照。

(3) Graham T. Allison, *Essence of Decision: Explaining the Cuban Missile Crisis* (Little, Brown and Company, 1971). 宮里政玄訳『決定の本質――キューバ・ミサイル危機の分析』（中央公論社、一九七七年）。

(4) Anthony Downs, *Inside Bureaucracy* (The Rand Corporation, 1967). 渡辺保男訳『官僚制の解剖』（サイマル出版会、一九七五年）。

(5) 辻清明『行政学概論（上巻）』（東京大学出版会、一九六六年）、九七―一二二頁参照。

(6) 井上誠一『稟議制批判論についての一考察――わが国行政機関における意思決定過程の実際』（行政管理研究センター、一九八一年）参照。この井上の業績に依拠した詳しい説明が西尾勝『行政学（新版）』（有斐閣、二〇〇一年）、三〇四―三一三頁にある。

(7) 辻、前掲書、九九頁。

(8) 辻清明『新版日本官僚制の研究』（東京大学出版会、一九六九年）、一六三頁。

(9) 同右、一六四頁。

(10) 井上、前掲書、七一―七二頁。

(11) 村松岐夫『日本の行政』（中公新書、一九九四年）。

(12) 同右、四―五頁。

(13) 同右、一〇、二五、二七頁。

(14) 同右、三六頁。

(15) 同右、三〇頁。〔　〕は筆者挿入。以下同。

(16) James G. March, *Decisions and Organizations* (Basil Blackwell, 1988). 土屋守章・遠田雄志訳『あいまいマネジメ

ント』(日刊工業新聞社、一九九二年)。J. G. March and Johan P. Olsen, *Rediscovering Institutions: the Organizational Basis of Politics* (The Free Press, 1989). 遠田雄志訳『やわらかな制度——あいまい理論からの提言』(日刊工業新聞社、一九九四年)も参照。

(17) March, *Decisions and Organizations*, p. 15. 邦訳書、同右、二九頁。

(18) *Ibid.*, pp. 8-9. 邦訳書、同右、一六—一七頁。

(19) 山口二郎『イギリスの政治　日本の政治』(ちくま新書、一九九八年)、六二頁参照。

(20) 猪口孝『国家と社会』現代政治学叢書(東京大学出版会、一九八八年)、五四—五五頁。

(21) Niklas Luhmann, *Essays on Self-Reference* (Columbia University Press, 1990). 土方透・大澤喜信訳『自己言及性について』(国文社、一九九六年)参照。

I章

(1) 辻清明『新版日本官僚制の研究』(東京大学出版会、一九六九年)、二四二—二四三頁。以下、「政治的多元性と行政的分立性」までの部分は、拙稿「省庁間の政治手続き」『現代日本の政治手続き——一つの試行的接近』日本政治学会年報(岩波書店、一九八五年)と重複する。

(2) 同右、八七頁。この部分については、同書の「統治構造における割拠性の基因——内閣制度の樹立と当時の世論を中心として」を参照。

(3) 同右、二四一頁。同書の後篇二「日本ファッシズムの統治構造」参照。

(4) 同右、八七、二四一頁および辻『行政学概論 (上巻)』(東京大学出版会、一九六六年)、九九頁参照。

(5) 辻、前掲『行政学概論』三七頁。

(6) 御厨貴『明治国家形成と地方経営』(東京大学出版会、一九八〇年)および『首都計画の政治——形成期明治国家の実像』(山川出版社、一九八四年)。

(7) 御厨、前掲『首都計画の政治』三三二頁。

(8) 御厨貴「国策統合機関設置問題の史的展開——企画院創設にいたる政治力学」『年報近代日本研究』一号(山川出版社、一九七九年)、「水利開発と戦前期政党政治——政党と官僚及び官僚相互の交錯」日本政治学会年報『近代日本政治における中央と地方』(岩波書店、一九八五年)など、『政策の総合と権力——日本政治の戦前と戦後』(東京大学出版会、一九九六年）に収録された諸論考をさす。
(9) 前掲『明治国家形成と地方経営』二八〇頁。
(10) 同右、五頁。
(11) 「国策統合機関設置問題の史的展開」前掲『政策の総合と権力』一四頁。
(12) 前掲の注(6)参照。なお、以下の首都計画にかんする記述は同氏の『首都計画の政治』および藤森照信『明治の東京計画』（同時代ライブラリー、岩波書店、一九九〇年）に負う。
(13) 御厨、前掲『首都計画の政治』一五八頁。
(14) 同年一一月にも遷都論によるジャーナリズム操作があった。同右、一七二—一七三頁。
(15) 黒田内閣では、伊藤内閣から継続した山県内相、松方蔵相にくわえて、伊藤内閣の最終段階で入閣した改進党の大隈外相も留任し、さらに、やや遅れて、建築局問題で山県と対立した井上が農商務相に就任した。時ここにいたると、首都計画推進にかんして、これら主要閣僚にもはやくい違いはない。この翌年、大日本帝国憲法が発布されるや、黒田首相は「超然主義」を宣言、伊藤枢密院議長もこれにつづくことになるが、この時点ではまだ、山県・松方連署による「意見書」に見られるように、外在的な政治批判がなされた場合であってもそれを無視するような対応ではなかった。
(16) 赤木須留喜『〈官制〉の形成』（岩波書店、一九九一年）。
(17) 同右、三一三—三一四頁。
(18) 同右、二一五頁。
(19) 同右、二一七頁参照。
(20) 『郵便報知新聞』一八九〇（明治二三）年一月二〇日。由井正臣・大日方純夫『官僚制 警察』（日本近代思想大系3、岩波書店、一九九〇年）、二二五—二二七頁。
(21) 升味準之輔『日本政党史論』第四巻（東京大学出版会、一九六八年）、一六七頁。
(22) 官僚出身代議士の実例について、同右、二三一頁の表を参照。
(23) 理由書は徳富蘇峰編述『公爵山県有朋伝』（明治百年史叢書、原書房、一九六九年）、三六九—三七三頁に引用されている。再引用箇所は三七〇頁。
(24) 同右、三七一—三七二頁。
(25) 文官高等試験、外交官及領事官試験、判事検事登用試験が「高等試験」に統合されたのは一九一八年のことである。従来、帝国大学法科大学卒業者については予備試験が免除されていたが、このときの試験制度改正により、官立私立を問わず高等学校、大学予科またはこれと同等以上と認められた学校を卒業した者も予備試験を免除されることになり、帝国大学の特権は失われた。

(26) 原奎太郎編『原敬日記』第五巻(首相時代)(福村出版、一九六五年)、一五六頁。句読点は升味、前掲書、第二巻、三二三頁にならって付すこととした。

(27) 同右、一六六—一六七頁。

(28) 升味、前掲書、第四巻、一八一—一八二頁。

(29) 前掲『原敬日記』一六七頁。

(30) 中静未知『医療保険の行政と政治——一八九五~一九五四』(吉川弘文館、一九九八年)、一〇四頁。

(31) 同右、一〇八頁。

(32) 升味、前掲書、第四巻、二〇九頁。

(33) 水谷三公『官僚の風貌』(日本の近代13、中央公論新社、一九九九年)、二〇二頁。内務官僚についてつぎのようにもいう。「もともと、役所を選ぶ段階で内務省を希望する者には、漠然としてはいても政治や政党に意欲や関心の強い者が少なくなく、政党の働きかけに積極的に乗る、さらには自ら売り込み、自発的に『政党の手先のような』役割を買って出る場合も見られた」(二一一頁)。

(34) 同右、二〇二—二〇三頁より再引用。

(35) 升味、前掲書、第四巻、二三七—二三八頁。

(36) 御厨貴「水利開発と戦前期政党政治」、前掲『政策の総合と権力』一二五頁より再引用。行政調査会関係の原資料のうち行政調査委員会議事録は国立公文書館所蔵の『行政調査会書類』として存在する。

(37) 同右、一一五頁。

(38) 同右、一二四頁。なお、升味、前掲書、第四巻、二〇八—二一八頁も参照。

(39) 同右、一二四頁。

(40) 農林省の設立および商工省との分離については、大豆生田稔「農林省の成立と食糧政策」原朗編『近代日本の経済と政治』(中村隆英先生還暦記念、山川出版社、一九八六年)、堀越芳昭「農業・農業団体政策と農林官僚」および根岸秀行「商工省と商工官僚の形成」波方昭一・堀越芳昭編著『近代日本の経済官僚』(日本経済評論社、二〇〇〇年)などを参考にした。
(41) 御厨、前掲『政策の総合と権力』一二五—一二八頁参照。
(42) 同右、一二八頁。
(43) 村松岐夫による「戦前戦後連続論」「戦前戦後断絶論」の把握にたいして、私はこれまでも疑問を指摘してきた。「本格化した日本の政府間関係論——村松理論の検討を中心に」『行政学の基礎理論』(三嶺書房、一九九七年、初出『法学新報』第九八巻一一・一二号、一九九〇年) 参照。
(44) 村松岐夫『戦後日本の官僚制』(東洋経済新報社、一九八一年)、七—一七頁参照。なお、同『地方自治』(現代政治学叢書、東京大学出版会、一九八八年)、二三—三四頁も参照。
(45) 日本の国レベルにおける行政組織制度について概説したものとして、拙稿「行政組織制度」西尾勝・村松岐夫編『講座行政学　第二巻　制度と構造』(有斐閣、一九九四年)、第二章を参照。そこでも戦前の官制構造と各省分立体制から説き起こしている。
(46) 岡田彰『現代日本官僚制の成立——戦後占領期における行政制度の再編成』(法政大学出版局、一九九四年)、一二五頁。
(47) 同右、一三四頁。
(48) 佐藤功『行政組織法(新版)』(法律学全集、有斐閣、一九七九年)、一四七頁。行政機関概念の採用経緯について、岡田、前掲書、一五一頁以下参照。
(49) 赤木、前掲『〈官制〉の形成』四一〇頁。
(50) 井出嘉憲『日本官僚制と行政文化』(東京大学出版会、一九八二年) 参照。
(51) 岡田、前掲書、一五二頁参照。
(52) 美濃部達吉『日本行政法』上巻(再版)(有斐閣、一九四〇年)、四一九頁。
(53) 美濃部達吉『行政法撮要』上巻(改訂増補第四版)(有斐閣、一九三三年)、二五九—二六〇頁。
(54) 天川晃「新憲法体制の整備——内閣法制局と民政局の対応を中心にして」『年報近代日本研究四　太平洋戦争——開戦から講和まで』(山川出版社、一九八二年)、二〇六頁参照。
(55) 井出、前掲書、一一八頁。
(56) 御厨貴「国策統合機関設置問題の史的展開」前掲『政策の総合と権力』九五頁。
(57) 「第八回国会衆議院内閣委員会議録第九号」一九五〇年一〇月一七日、三頁。

(58) 拙稿「行政管理の概念——その形成と受容と変容」『行政管理研究』三九号(一九八七年)で取り上げたことがある。『行政の理法』(三嶺書房、一九八八年)、一五七頁以下。詳しくは岡田、前掲『現代日本官僚制の成立』第一部第四章(行政管理庁の創設)参照。

(59) T・J・ペンペル「占領下における官僚制の『改革』」坂本義和、R・E・ウォード編『日本占領の研究』(東京大学出版会、一九八七年)、二九九—三〇〇頁参照。

(60) 井出、前掲書、一三七頁。

(61) 山室信一『キメラ——満洲国の肖像』(中公新書、一九九三年)、一七七頁参照。

(62) 赤木須留喜『近衛新体制と大政翼賛会』(岩波書店、一九八四年)、三五七頁、古川隆久『昭和戦中期の総合国策機関』(吉川弘文館、一九九二年)、九三—九六頁参照。

(63) 古川、前掲書、九五—九七頁参照。当時の状況について、『現代政治の動向』(朝日時局読本第二巻、朝日新聞社、一九三七年)、一九三—二〇〇頁参照。「部局対立解消を計りながら、却ってギルド的対立現象を呈露したと云はなければならぬ」との指摘もある(一九四頁)。

(64) 岡田、前掲書、一九六頁より再引用。

(65) 佐藤、前掲『行政組織法(新版)』九二頁。

(66) 同右、九四頁、注(五)。

(67) 「第九十回帝国議会貴族院帝国憲法改正案特別委員会議事速記録第十九号」一九四六年九月二一日、七頁(マイクロフィルム)。佐藤功「最近に於ける行政機構の改革——その経過とその諸問題(二)」『法律時報』第二〇巻三号(一九四八年)参照。後者の引用とは一部表記が異なる。

(68) 佐藤、前掲『行政組織法(新版)』一〇〇頁。

(69) 「第一回国会参議院決算委員会会議録第五号」一九四七年八月二一日、二頁。佐藤功「最近に於ける行政機構の改革(三)」『法律時報』第二〇巻四号(一九四八年)参照。後者の引用とは一部表記が異なる。

(70) 渡部昇一「私の抜本的行政改革案」『諸君!』一九八一年一〇月号、三五頁。

(71) 増島俊之「行政改革の手続き」『現代日本の政治手続き』(日本政治学会年報、岩波書店、一九八五年)。同論文は同氏の『行政改革の視点』(良書普及会、一九九六年)および『行政改革の視点と展開』(ぎょうせい、二〇〇三年)にそれぞれ加筆され収録されている。

(72) 増島俊之・小林秀徳編著『証言　大改革はいかになされたか――意思決定者の着眼』(ぎょうせい、二〇〇一年)、一九一―二〇頁。

(73) 「第二回国会衆議院決算委員会議録第四号」一九四八年五月二一日、三頁。別の日にはつぎのように発言している。「それは、前からの話の政治と行政との関連の問題でありますが、憲法に認めてあります通り、議院内閣制というものは必然的に政党の責任政治ということになるのですが、それが有効適切に行われるためにはどうしても行政組織というものに政党の政策というものが浸透されるような機構なり組織が保障されておらなければならない。ところが今度の国家行政組織法というものを見ると、むしろこれは退歩である」。同委員会議録第五号、一九四八年五月二四日、七―八頁。

(74) 「第一〇〇回国会衆議院会議録第六号」一九八三年九月二〇日、六七頁。

(75) 同右、六八頁。

Ⅱ章

(1) 以下、「第一次・第二次臨調の診断」までの部分は、前掲拙稿「省庁間の政治手続き」『現代日本の政治手続き』と重複する。

(2) 今井一男『官僚――その生態と内幕』(読売新聞社、一九五三年)、一四二―一四三頁。

(3) 日本の官僚研究会編『お役人操縦法』(日本経済新聞社、一九七一年)、一八一―一八三頁。

(4) 同右、一八五―一八六頁。

(5) 「臨時行政調査会の改革意見――総論」一九六四年九月、『行政改革のビジョンI――臨時行政調査会意見』(行政管理研究センター、一九七七年)、二九頁。

(6) 前掲「内閣の機能に関する改革意見」六五頁。

(7) 同右、六五―六六頁。

(8) 前掲「行政改革に関する意見――総論」二四頁。

(9) 「臨時行政調査会第二部会報告――総合調整機能及び行政組織の在り方について」一九八二年五月三一日、『臨調基本提言――臨時行政調査会第三次答申』(行政管理研究センター、一九八二年)、一七四頁。

(10) 「行政改革に関する第五次答申――最終答申」一九八三年三月一四日、『臨調最終提言――臨時行政調査会第四次・第五次答申』(行政管理研究センター、一九八三年)、一七九頁。

(11) 大嶽秀夫『政策過程』(現代政治学叢書、東京大学出版会、一九九〇年)、三一―六〇頁参照。
(12) 同右、六〇頁。
(13) See, Graham T. Allison and Morton H. Halperin, "Bureaucratic Politics: A Paradigm and Some Implications," in Raymond Tanter and Richard H. Ullman, eds., *Theory and Policy in International Relations* (Princeton University Press, 1972), pp. 43–44; Allison, *Essence of Decision, op. cit.*, p. 163 and p. 173. なお、後者の訳者である宮里政玄「対外政策決定の分析枠組」『琉大法学』第二六号(一九八〇年)および進藤栄一「官僚政治モデル――その特質と評価」『国際政治』第五〇号(一九七四年)も参照されたい。
(14) See, Allison, *op. cit.*, p. 165 and p. 176.
(15) *Ibid.*, p. 171.
(16) アメリカの国務省関連の省庁間委員会について「国家政策機構に関する上院小委員会」が使った表現。Francis E. Rourke, *Bureaucracy, Politics, and Public Policy* (Second ed.). 拙訳『官僚制の権力と政策過程(第二版)』(中央大学出版部、一九八一年)、二四頁より再引用。
(17) Allison and Halperin, *op. cit.*, p. 56.
(18) 遠藤宣男「官僚制改革に関する政策決定過程の研究」(1)―(4)『季刊人事行政』第一四号(一九八〇年八月)、第一六号(一九八一年三月)、第一七号(一九八一年七月)、第一八号(一九八一年一〇月)。
(19) Allison, *op. cit.*, p. 93. 邦訳、一〇八頁。
(20) 岡田、前掲『現代日本官僚制の成立』第一部第二章および井出「戦後改革と日本官僚制――国家公務員制度の創出過程」前掲『日本官僚制と行政文化』を参照。資料として人事院『国家公務員法沿革史・資料編Ⅰ～Ⅲ』(一九六九―七一年)がある。
(21) Allison, *op. cit.*, p. 175. 邦訳、二〇一―二〇二頁。
(22) 大嶽、前掲書、五九頁。
(23) 同右、三九頁。
(24) 同右、三八―三九頁。
(25) 同右、三七―三八頁。
(26) Rourke, *op. cit.*, p. 2. 拙訳、三頁。

(27) See, *ibid.*, chap. 4. 拙訳、第三章参照。

(28) *Ibid.*, p. 82. 拙訳、一三二―一三三頁。

(29) See, *ibid.*, pp. 109–127. 拙訳、一七九―二〇七頁参照。

(30) See, *ibid.*, pp. 127–139. 拙訳、二〇七―二二七頁参照。

(31) *Ibid.*, p. 136. 拙訳、二二一頁。

(32) この点について、拙稿「政策決定理論と組織理論の交錯――組織的決定理論を中心として」『政策科学と政治学』（日本政治学会年報、岩波書店、一九八四年）、九一―九三頁、前掲『行政学の基礎理論』七四―七六頁参照。

(33) See, Giandomenico Majone, *Evidence, Argument and Persuasion in the Policy Process* (Yale University Press, 1989), chaps. 2 and 7. 拙訳、G・マヨーネ『政策過程論の視座――政策分析と議論』（三嶺書房、一九九八年）、第二章「議論としての政策分析」、第七章「政策展開」を参照。

(34) *Ibid.*, p. 148. 拙訳、一五九頁。

(35) See, *ibid.* 拙訳、一五九―一六〇頁参照。

(36) 村松、前掲『日本の行政』七頁。

(37) 佐藤、前掲『行政組織法（新版）』一〇四―一〇五頁参照。

(38) 行政改革会議の最終報告、審議経過、配付資料等については、行政改革会議事務局ＯＢ会編『二一世紀の日本の行政』（行政管理研究センター、一九九八年）を用いる。

(39) 拙稿「中央政府の行政改革」『行政と改革』（年報行政研究34、ぎょうせい、一九九九年）参照。

(40) 前掲、行政改革会議最終報告、五九頁。

(41) 「一府九省案」については、拙稿「行政組織制度」西尾・村松編、前掲『講座行政学　第二巻　制度と構造』でも取り上げている（六六頁）。

(42) 内政省構想については、国土総合開発のための独立省庁構想の展開を追う文脈で取り上げたことがある。「国土庁設立の政策過程――長期的脈絡において」『組織と政策（2）――行政体系の編成と管理』（行政管理研究センター、一九八七年）。

(43) 「第六回国会衆議院建設委員会議録第七号」一九四九年一一月二四日、八頁、一〇頁。

(44) 御厨、前掲「水利開発と戦前期政党政治」および「水資源開発と戦後政策決定過程」前掲『政策の総合と権力』参照。

(45) 前掲拙稿「国土庁設立の政策過程」、六八―七一頁参照。
(46) 小林与三次『続 私の自治ノート』(帝国地方行政学会、一九七〇年)一六三頁。
(47) 「第二十四回国会衆議院会議録第三十八号」一九五六年四月二六日、六一二頁。同質問では、「内政省が旧内務省の復活であるということは、衆目の一致して認めておるところであります」との指摘もなされている。六一一―六一二頁。
(48) 小林、前掲書、一六四頁。
(49) 環境庁設置過程については次章第1節で取り上げる。
(50) 環境アセスメント法制化の過程については、川名英之『ドキュメント日本の公害』第一一巻(環境行政の岐路)第二章「環境アセス法制化の挫折」(緑風出版、一九九五年)に多くを負う。その他、法制度の解説もふくめて、浅野直人『環境影響評価の制度と法』(信山社、一九九八年)、原科幸彦『環境アセスメント』(放送大学教育振興会、二〇〇〇年)、「座談会 環境アセスメント法制化の課題」『公害研究』第一三巻二号(一九八三年一〇月)、畠山弘文・新川俊光「環境行政にみる現代日本政治」大嶽秀夫編著『日本政治の争点――事例研究による政治体制の分析』(三一書房、一九八四年)なども参照。
(51) 「VAN戦争」については、次注に挙げる論文のほか、川北孝雄『通産・郵政戦争――官僚の権限とは何か?』(時事問題解説シリーズ、教育社、一九八五年)がコンパクトである。背景事情を簡単に知るうえで、日本経済新聞社編『通信新時代――VAN・新電電・第二電電のゆくえ』(日本経済新聞社、一九八四年)も参考になる。また、通信自由化を題材にした小説として、江波戸哲夫『小説通産省』(かんき出版、一九八六年)がある。
(52) 金指正雄「政策決定過程のケース・スタディ――電電民営化とVAN規制をめぐって」内田健三編『経済政策決定過程の研究』(日本経済研究センター研究報告、一九八六年)、四〇頁参照。電電改革三法案の事例研究として、中村昭雄『日本政治の政策過程』(芦書房、一九九六年)、第四章「電電公社の民営化と臨調答申」もある。
(53) 「第百一回国会参議院会議録第二号」一九八四年一二月一四日、一九、二二、三五頁参照。
(54) 「第百二回国会衆議院逓信委員会議録第四号」一九八五年三月七日、一〇頁。
(55) "Phone Market: Japan Keeps Hanging Up on the U. S.," *Business Week*, March 11, 1985, p. 50.
(56) 『朝日新聞』一九八四年三月一九日。
(57) 大嶽編著、前掲『日本政治の争点』二八一頁。
(58) 川北、前掲『通産・郵政戦争』八三頁。

(59) 容器包装リサイクル法の制定過程については、寄本勝美『政策の形成と市民——容器包装リサイクル法の制定過程』(有斐閣、一九九八年)および環境庁の対応を中心にした久保はるか『環境行政の構造分析——「容器包装リサイクル法」の制定過程を事例に』(東京大学都市行政研究会研究叢書、一九九九年)が充実している。寄本教授からは上記著作に収録された諸論文のほか、多くの関連論文を送っていただいた。あらためて感謝申し上げる。
(60) 寄本、前掲書、三四—三五頁。
(61) 同右、六〇頁。
(62) 同右、七二頁、『読売新聞』一九九五年四月七日。
(63) 久保、前掲書、一一一頁。

Ⅲ章

(1) この問題にかんして、「省庁体系」概念の重要性を指摘する牧原出の論考「『省庁体系』に関する一考察」『季刊行政管理研究』第八七号(一九九九年九月)がある。牧原によれば、その概念の重要性に気づかなかったことが、戦後行政学において省庁研究に実りが少なかった大きな理由であるという。牧原出「『官房』の理論とその論理構造」『官邸と官房』年報行政研究40(ぎょうせい、二〇〇五年)、五九頁。一つの論点ではあるが、そこまで言えるかどうかは疑問である。
(2) ギューリックにかんしては、拙著『組織と行政』(東京大学出版会、一九七八年)、第一部第三章「古典的組織理論の総括——ギューリックを中心に」を参照されたい。
(3) Herbert A. Simon, *Administrative Behavior: A Study of Decision Making Process in Administrative Organization* (Third ed.), p. 190. 松田武彦・高柳暁・二村敏子訳『経営行動』(ダイヤモンド社、一九七八年)、二四四—二四五頁。
(4) Luther H. Gulick, "Notes on the Theory of Organization: With Special Reference to Governments in the United States," in L. H. Gulick and L. Urwick, eds., *Papers on the Science of Administration* (Institute of Public Administration, 1937), p. 31. 今村、前掲書、七六頁。
(5) 今村、前掲書、七〇頁参照。
(6) サイモンの指摘によれば、「完全な目的の定義は問題となる価値にかかわる人々の集団を特定化することまでふくんでいる」がゆえに、そのかぎりにおいては、顧客や地域基準にもとづく部門編成も「機能化の特殊類型」にすぎない。*Op. cit.*, p. 192.

(7) 行政改革会議の審議過程については、前章と同じく、行政改革会議事務局OB会編『二一世紀の日本の行政』を用いる。なお、橋本行革も含めて、縦割り行政の問題にかんする行政学からの考察として、橋本信之「省庁再編と縦割り行政」『季刊行政管理研究』第九二号(二〇〇〇年一二月、同著『サイモン理論と日本の行政——行政組織と意思決定』関西学院大学出版会、二〇〇五年に収録)がある。
(8) 『二一世紀の日本の行政』一〇二六頁、「第百三十九回国会衆議院会議録第一号」一九九六年一一月二九日、二頁。
(9) 同右。
(10) 同右、三七七頁。
(11) 「中間報告」一九九七年九月三日。同右、五五二頁。
(12) 御厨貴「行政改革会議とは何か」『朝日新聞』一九九七年一一月五日夕刊。なお、行革会議の審議にかんする当事者の証言として、藤田宙靖「行革会議委員全内幕を語る」『文藝春秋』一九九八年二月号参照。
(13) ファヨールの管理組織論については、ごく概略的であるが前掲拙著の一八—二四頁参照。彼は晩年になるにしたがって政府組織への関心を強め、「官僚的形式主義(formalisme bureaucratique)」に蝕まれた公共業務の革新について論究するようになった。「架橋」原理の提言はつぎのような認識にもとづいている。「国家においては、その全体的利益はあまりにも複雑で、広大で、遠い将来の事柄であるので、われわれはそれについてのはっきりした考えを容易に抱かない。そして雇主は公務員のほとんど全体にとって一種の神話である。もしもその全体的な利益という意識が上位権限者によって絶えず蘇えさせられなければ、それは漠然となり、弱くなり、各部門はそれ自体が目的でありその結果であるかのようにみなすようになる。各部門は、そのすべての部分が一致して動かねばならない大きな機械の一つの歯車にすぎないことを忘れる。各部門は孤立し、仕切られ、階層的経路しか認めない」。佐々木恒男訳『産業ならびに一般の管理』(未來社、一九七二年)、六五頁。
(14) 第一次臨時行政調査会答申「共管競合事務の改革に関する意見」前掲『行政改革のビジョンI』一一五頁。
(15) 同右、一一五—一一六頁。
(16) 環境庁の設立過程については、拙稿「組織の分化と抗争」『行政学講座第四巻 行政と組織』(有斐閣、一九七六年、前掲拙著、第三部第二章に収録)で取り組んでいる。詳細はそれにゆずり、脚注は主な発言のみに限定する。
(17) 「第五十五回国会衆議院会議録第二十二号」一九六七年六月二日、六一九頁。
(18) 「第六十三回国会衆議院産業公害対策特別委員会議録第十六号(閉会中審査)」一九七〇年六月一一日、三頁。

(19) 同右、四五頁。
(20) 同右、四頁。
(21) 同右、四五頁。
(22) 「第六十四回国会衆議院産業公害対策特別委員会地方行政委員会法務委員会社会労働委員会農林水産委員会商工委員会運輸委員会建設委員会連合審査会議録第一号（その一）」一九七〇年一二月四日、二五頁。
(23) 「第六十四回国会衆議院産業公害対策特別委員会議録第四号」一九七〇年一二月八日、一五頁。
(24) 「参議院公害対策特別委員会（第六十三回国会閉会後）会議録第三号」一九七〇年八月一〇日、三頁。
(25) 「第六十四回国会衆議院産業公害対策特別委員会議録第四号」一九七〇年一二月八日、一六頁。
(26) 「第六十五回国会参議院内閣委員会、公害対策特別委員会連合審査会会議録第一号」一九七一年五月二一日、一二頁、「第六十五回国会参議院内閣委員会会議録第二十二号」、五月二四日等。
(27) 「第六十四回国会参議院公害対策特別委員会会議録第四号」一九七〇年一二月一五日およびそれに先立つ注(22)の連合審査会議録。
(28) 拙稿「行政組織制度」西尾・村松編、前掲『講座行政学　第二巻　制度と構造』六七―六九頁参照。
(29) 拙稿「中央政府の行政改革」前掲『行政と改革』二九―三〇頁参照。
(30) 前掲『二一世紀の日本の行政』三七八頁参照。
(31) 同右、三九一頁。
(32) 同右、三九九頁。
(33) 同右、七七頁。
(34) この問題について別稿でも論じた。「省庁再編構想の屈折――『内閣府・総務省体制』を中心に」『法学新報』第一〇七巻一・二号（二〇〇〇年）、一九頁以下。
(35) 「第百四十二回国会参議院行財政改革・税制等に関する特別委員会会議録第十二号」一九九八年六月五日、一四頁。
(36) 前掲『二一世紀の日本の行政』五八頁。
(37) 中央省庁再編等準備委員会参与（磯部力、稲葉馨、大石眞、小早川光郎、森田朗）「中央省庁等改革基本法（案）に関する意見」一九九八年二月一二日、同右、一〇〇二―一〇〇四頁。
(38) 同右、一〇〇三頁。

(39) 同右。

(40) 同右、五八頁。

(41) 行政組織にかかわる「政治」の類型化について、John Refuss, *The Job of the Public Manager* (Dorsey Press, 1989), pp. 111–116 から示唆をえている。拙稿「行政組織変動の制約要因」前掲『行政学の基礎理論』二三一―二三二頁で用いたことがある。

(42) James G. March and H. A. Simon, *Organizations* (John Wiley & Sons, 1958), p. 32. 土屋守章訳『オーガニゼーションズ』(ダイヤモンド社、一九七七年)、四九頁。

(43) See, *ibid.*, pp. 158ff. 邦訳、二四一頁以下参照。

(44) 共同決定の三要素については、Kenneth Thomas, "Conflict and Conflict Management," in Marvin D. Dunnette, ed., *Handbook of Industrial and Organizational Psychology* (Rand McNally, 1976), pp. 922–926 に負う。この部分は、拙稿「省庁間の政治手続き」前掲『現代日本の政治手続き』一三八―一三九頁と重複する。

(45) 藤田宙靖「省庁再編案作成に向けての覚え書き」一九九七年七月九日、行政改革会議事務局OB会編、前掲『二一世紀の日本の行政』三七六―三七九頁参照。

(46) 「覚え書き(その二)」、同右、三九一頁。

(47) 「中間報告」一九九七年九月三日、同右、五五五頁。

(48) 注(5)に同じ。同右、三七八頁。

(49) 「中間報告及び今後の課題等に関する委員意見の整理(未定稿)」、同右、五七五―五九〇頁。

(50) 田中一昭・岡田彰編著『中央省庁改革――橋本行革が目指した「この国のかたち」』(日本評論社、二〇〇〇年)、一六八頁の表現。

(51) 「河川行政と道路・都市行政の関係について」(合同小委員会資料、一九九七年一〇月二九日)、前掲『二一世紀の日本の行政』七七二―七七三頁。

(52) 厚生省提出資料、一九九七年一一月四日、同右、八〇五―八〇六頁。

(53) 水野清「橋本行革の水面下のメカニズム」増島俊之・小林秀徳編著『証言 改革を支えるメカニズム――水面下の意思決定者を探る』(ぎょうせい、二〇〇四年)、二六―二七頁。

(54) 第三九回会議議事概要、前掲『二一世紀の日本の行政』八八三頁。

(55) 同右、五八頁。
(56) 地方交付税制度にかんしては高木健二『交付税改革』（敬文堂、二〇〇二年）から、また制度改革の主要論点については岡本全勝『地方財政改革論議――地方交付税の将来像』（ぎょうせい、二〇〇二年）から多くのことを学んだ。地方交付税制度をめぐる政治過程については、古川俊一『政府間財政関係の政治分析』（第一法規出版、二〇〇〇年）、第六章および北村亘「地方財政対策をめぐる政治過程」『甲南法学』第三九巻一・二号（一九九八年）が参考になった。
(57) 田邊國昭「一九五〇年代における地方財政調整制度の構造と変容」『戦後国家の形成と経済発展――占領以後』（日本政治学会年報、岩波書店、一九九二年）、一三六頁参照。
(58) 古川、前掲『政府間財政関係の政治分析』二四二頁。
(59) 澤井勝『変動期の地方財政』（敬文堂、一九九三年）、はしがきii頁。
(60) 同右、二三二頁。
(61) 森田朗「地方分権改革の政治過程――『三位一体改革』と地方分権改革推進会議」『レヴァイアサン』三三号（二〇〇三年一〇月）、二六頁。
(62) 同右、二七頁。
(63) 金井利之「国・地方間の財政関係システムとその改革の展望」『ジュリスト』一一〇九号（一九九七年四月）、三七―四二頁参照。
(64) 田邊、前掲論文、一一六頁参照。
(65) 西尾勝「議院内閣制と官僚制」『公法研究』第五七号（一九九五年）、二六―四三頁、参照。
(66) 森田、前掲論文、四三頁。
(67) 共同通信ＨＰ、二〇〇三年五月二四日。同右、四五―四六頁。
(68) 『朝日新聞』二〇〇三年五月一〇日。
(69) 森田、前掲論文、四七頁。
(70) Karl E. Weick, *The Social Psychology of Organizing* (Second ed., The McGraw-Hill, 1979). 遠田雄志訳『組織化の社会心理学（第二版）』（文眞堂、一九九七年）参照。概要を知るにはつぎの論文が便利である。K. E. Weick, "Enactment Processes in Organizations," in Barry M. Staw and Gerald R. Salanick, eds., *New Directions in Organizational Behavior* (St. Clair, 1977).

終章

(1) ウェーバー理論再検討もふくめて官僚制組織のとらえ方について、さしあたり拙稿「官僚制における競合と対立」前掲『組織と行政』および「官僚制問題への分析視角」前掲『行政学の基礎理論』を参照されたい。

(2) Eugene Litwak, "Models of Bureaucracy Which Permit Conflict," *American Journal of Sociology*, vol. 67 (1961). リトワークの貢献については、注(1)の拙稿「官僚制における競合と対立」で簡単にふれている(二六九頁)。

(3) Louis A. Coser, *The Functions of Social Conflict* (Free Press, 1956). 新睦人訳『社会闘争の機能』(新曜社、一九七八年)。

(4) フォレットの所論については、今村、前掲『組織と行政』第一部第四章「新古典的組織理論――フォレットを中心に」参照。

(5) H. C. Metcalf and L. Urwick, eds., *Dynamic Adiministration: The Collected Papers of Mary Parker Follett* (Pitman Publishing, 1973), p. 1 and p. 5. 米田清貴・三戸公訳『組織行動の基本原理――動態的管理』(未來社、一九七二年)、四二、四八頁。ただし訳は同じではない。

(6) Sidney Verba, *Small Groups and Political Behavior: A Study of Leadership* (Princeton University Press, 1961), pp. 222–224. 青井和夫訳編『小集団と政治行動』(誠信書房)、二一八―二二〇頁参照。今村、前掲『組織と行政』一一八―一一九頁でふれている。

(7) L. Urwick, ed., *Freedom and Co-ordination: Lectures in Business Organization* (Pitman, 1942), p. 42. 斎藤守生訳『経営管理の基礎――自由と調整』(ダイヤモンド社、一九六三年)、八八―八九頁。

(8) *Ibid.* 邦訳、八九頁。

(9) 概略は野中郁次郎他『組織現象の理論と測定』(千倉書房、一九七八年)、一八二―一九二頁で知ることができる。拙稿「省庁間の政治手続き」前掲『現代日本の政治手続き』でもふれている(一三七頁)。なお、行政組織研究へのコンティンジェンシー理論の適用について、拙稿「組織理論と行政組織研究――コンティンジェンシー理論の適用」前掲『行政学の基礎理論』、第七章を参照されたい。

(10) 第一次臨時行政調査会答申「共管競合事務の改革に関する意見」前掲『行政改革のビジョンI』一一五―一一六頁。

(11) A・ダウンズ、渡辺保男訳、前掲『官僚制の解剖』二四八頁以下参照。今村、前掲「省庁間の政治手続き」一四〇―一四一頁でも取り上げている。
(12) Giandomenico Majone, *Evidence, Argument and Persuation in the Policy Process* (Yale University Press, 1989), p. 6. 拙訳、G・マヨーネ、前掲『政策過程論の視座』七—八頁。
(13) 篠原一『市民の政治学——討議デモクラシーとは何か』(岩波新書、二〇〇三年)。
(14) 「公共性の空間」再定義の意義とそれを「公共空間」の概念に関連づけて検討をくわえた拙稿「公共空間の再検討」今村編『日本の政府体系』(成文堂、二〇〇二年)を参照いただきたい。
(15) 藤垣裕子『専門知と公共性——科学技術論の再構築へ向けて』(東京大学出版会、二〇〇三年)、八二頁。

あとがき

かつて、『季刊行政管理研究』（行政管理研究センター刊）の巻頭言で、本書の執筆にてまどっていることを書いたことがある（第九九号）。「現在、『官庁セクショナリズム』を表題とする書物の執筆に取り組んでいる。いくつかの事情からたびたび中断を余儀なくされ、そのつど、行きつ戻りつの繰り返しである。この夏には、なんとかめどを立てたいのだが、残念ながらはかどり具合はあまり芳しくない」。これが冒頭の一節である。

それからずいぶん時日が経過してしまった。脱稿までの遅れについては私の責任である。右の巻頭言を書いたとき、すでにある程度まで書きこんでいたのだが、そこからの進捗がはかばかしくなかった。これまで手がけてきた仕事のなかには、自治体の議会史のように数年越しのものも珍しくないし、なかには畏友の辻山幸宣氏と共同編著で一昨年初めにやっと刊行にこぎつけた『逐条研究 地方自治法Ⅲ 執行機関』（敬文堂刊）のように、執筆にかかわってから二〇年ちかくの長期戦になったものもある。しかし、本書の主題は私自身にとって年来のものであって、出だしは比較的好調だったから、もっとスムーズに書き上げることができるはずであった。

予定どおりに運ばないのが世のつねとはいえ、遅れに遅れてしまった理由のひとつは、外国の理論の紹介や学説の展開に重点をおくのではなく、具体的な事例によって語らせる方法を採用してみたいと考えたことによる。もちろん、一定の見通しを立ててのことではあるが、あの事例、この事例を使ってみようと、それぞれの事例の顚末を洗い出し、自分なりに納得するまで追跡していくと、それだけで存外と時間を費やすことになってしまい、多くの場合、当初の見込みとかなりずれてしまう結果になって、途中でまたゼロからの再出発ということのくりかえしになりがちであった。

本体部分をなす歴史過程、政治過程、組織過程の三章構成は企画段階のままである。しかし、各章の節や小見出しで示した項目の構成と配列は、かなり大きく変更せざるをえなかった。当初の企画では各章三節の構成であったのが二節になり、それにともなって取り上げる項目も大幅に変えることになってしまった。これはおもに執筆分量の制約による。実際に書きすすむと、どうしても予定より長くなりがちであるが、実際の事例を登場させるとなると、むげに途中で切り捨てるわけにもいかず、都合のよいところだけをつまみ食いするわけにもいかない。背景事情の説明をしなければならないこともある。そうなるとスペース配分にも見当違いが生じ、あらかじめ予定していた論点項目のかなりの部分を思いきって削除しなければならない羽目に陥ってしまったという次第である。

そのなかで最も心残りであったのは、中央から地方におよぶ「縦割り行政」の実態にきちんと踏み込むことができなかったことである。執筆の中断を余儀なくされた事情のひとつとして、(財) 地方自治総合研究所の運営に責任を負うことになったという事情があるが、地方自治の諸問題や制度改革の動きに対応するなかで、中央省庁の組織編成や政策によって自治体行政がいぜんとして強く拘束されている実情を再認識させられ、なんとかそのことを盛りこんでみたいと思ったにもかかわらず、それを果たすことができなかった。わけても、下水道行政における「官庁セクショナリズム」に政府間関係の視点を組みいれて、人事・財政をふくんだ包括的な組織過程の実相を明らかにする課題に取り組めなかったことが残念である。今となっては後進に期待するしかない。

そのほか、戦後の主要事例を追跡する過程で、たとえば佐藤竺教授の労作『日本の地域開発』(一九六五年)などを手がかりに、六〇年代の新産業都市建設の事例と八〇年代のリゾート開発の事例とを比較する作業に取り組んでみたこともあった。「省庁間競合による画一性の増幅」がそのとき予定した論点項目である。しかしこれなどは、佐藤教授が全国各地にじかに出向いて書き上げられたことをお聞きしていただけに、その業績と比較を試みるならばそれにふさわしい実態調査をしなければと、九〇年代初めに手がけたリゾート開発の調査研究のころを思い返しては、あのさいにもっと現地に足を運んだりしておけばよかったと自分のフットワーク不足を悔やみつつ、途中で断念したケースである。先学の諸業績を踏まえ、それを生かそうにも、それ相応の用意がなければかなわないということであろう。他の例もふくめて、あらためてそのことを思い知らされたことが何度あったろうか。

ささやかながら、執筆中にうれしい思いをしたこともある。戦後てまどることになった行政組織にかんする法定主義の緩和を扱った箇所において、中曾根首相が、政界進出を果たしたころの自らの主張に反する国家行政組織法改正に踏みきらなければならなかったことを述べたくだりがその一例であり、記憶の片隅にあった国会での応答をやっと探し当てたときなどは、思わず快哉を叫んだ。同じ大学に勤める増島俊之教授から新著を頂戴し、そこに中央省庁改革にかんする関係者の重要な証言を発見したときも同様である。

しかし、思い出ばかりにふけっているわけにはいかない。本務校において大学院公共政策研究科を発足させることになって、現在、その第一年目が終わろうとしている。今なお、連日あたふたしているのが実情である。新設研究科のカリキュラムのなかで私自身が担当している科目のひとつは、NPMを意識した「公共経営論」ではなく、行政学において伝統的な「行政管理論」であるが、本書の執筆を踏まえて、もっと魅力ある行政管理論の再構築を心がけてみたいと思っている。

この数年、身辺でいろいろなことが起きた。その影響もあって本書の執筆に邁進することができず、東京大学出版会編集部の斉藤美潮さんをはじめ、関係者に余計な心配をわずらわせたときもあった。お礼とともにお詫びを申し上げたい。また、本書の執筆を引きずることになったために、思わぬところにしわ寄せを生み出してしまっている。それにもかかわらず、変わらぬ友誼を結びつづけていただいた方々にたいして、この場を借りて感謝を申し上げたい。

二〇〇六年三月

今村都南雄

人名索引

マ　行

ヤ　行

ラ　行

ワ　行

事項索引

サ　行

タ 行

ナ 行

ハ 行

マ 行

ヤ 行

ラ 行

著者略歴
1941年　生れる
1965年　中央大学法学部法律学科卒業
1967年　国際基督教大学大学院行政学研究科修士課程修了
現　在　中央大学法学部教授，大学院公共政策研究科委員長

主要編著書
『組織と行政』(東京大学出版会，1978 年)
『行政の理法』(三嶺書房，1988 年)
『「第三セクター」の研究』(編著，中央法規出版，1993 年)
『行政学の基礎理論』(三嶺書房，1997 年)
『公共サービスと民間委託』(編著，敬文堂，1997 年)
『自治・分権システムの可能性』(編著，敬文堂，2000 年)
『日本の政府体系』(編著，成文堂，2002 年)
『逐条研究 地方自治法Ⅲ　執行機関』(共編著，敬文堂，2004 年)

行政学叢書 1　官庁セクショナリズム

2006 年 5 月 17 日　初　版

[検印廃止]

著　者　今村都南雄《いまむらつなお》

発行所　財団法人　東京大学出版会
代 表 者　岡本和夫
113-8654 東京都文京区本郷 7 東大構内
電話03-3811-8814・振替00160-6-59964
http://www.utp.or.jp/

印刷所　株式会社理想社
製本所　牧製本印刷株式会社

ISBN 4-13-034231-2　Printed in Japan

西尾勝編

行政学叢書　全12巻

四六判・上製カバー装・平均二八〇頁

日本の政治・行政構造を剔抉する、第一線研究者による一人一冊書き下ろし

1　官庁セクショナリズム　今村都南雄　二六〇〇円

2　財政投融資　新藤宗幸　二六〇〇円

3　自治制度　金井利之　以下続刊

4　官のシステム　大森彌

5　分権改革　西尾勝

6 内閣制度　山口二郎
7 国際援助行政　城山英明
8 調整　牧原　出
9 地方財政　田邊國昭
10 道路行政　武藤博己
11 公務員制　西尾　隆
12 政府・産業関係　廣瀬克哉

ここに表示された価格はすべて本体価格です．御購入の際には消費税が加算されますので御了承下さい．